生鮮野菜流通システムの再構築

需給調整、安定供給、周年供給の視点から考える

池田真志

農林統計協会

はしがき

　「目の前で売られている食品は、どこでどのように作られて、どのように流通し、今ここにあるのか？」という疑問が、本研究の根底にある。

　食は人が生きていくうえで極めて重要である。現代社会では分業が進んでおり、自給自足的な生活をしない限りは、自分が食べる食事の食材となる農産物のすべてを自ら生産することはないであろう。

　消費者は、自ら食料を生産しなくても、スーパーマーケットやコンビニエンスストア、外食チェーンなどに足を運べば、あるいは通信販売を利用すれば、（災害時などの非常時を除けば）いつでも食品を購入したり食したりすることができる。しかも、同じ店にはいつも同じ商品や同じメニューがある。現在の日本ではこのような状況が当たり前となっているが、その背後にはどのような流通の仕組みがあるのだろうか。そして、その流通の仕組みはどのように変化しているのだろうか。

　本書はこうした疑問を、需給調整、安定供給、周年供給の視点から明らかにしようとしたものである。ただ、食品と一口に言っても、様々な種類の食品があり、たとえば、生鮮食品と冷凍食品では流通方法が異なるし、野菜、果物、肉、魚なども、それぞれ生産方法や流通方法が異なるため、すべての食品を取り上げることはできない。そこで本書では、食品の中でも生鮮野菜を研究対象とした。

　本書の目的は、2000 年以降の日本国内における生鮮野菜流通システムの再構築をとらえ、その再構築がなぜ起こり、新たな流通システムがどのように構築され、それがどのような流通形態であり、どのようなメカニズムで成立しているのかを明らかにすることである。

　本書の特徴は、大きく分けて 2 つある。1 つ目は、新たな生鮮野菜流通システムの形態や成立メカニズムなどを、複数の個別企業に着目しながら明らかにしている点である。調査にあたっては、複数の個別企業にアプローチし、それらの企業の取引先を生産者（農家）までさかのぼって聞取り調査を実施してい

る。すなわち、本書では、小売企業や外食企業などの川下側の企業のみではなく、その取引先である中間流通業者、産地の生産者組織（農協、農業法人、出荷組合）や生産者などの生産と流通にかかわる全体（フードチェーン）を調査したうえで分析をしている。

2つ目は、生鮮野菜流通において非常に重要な問題である需給調整の方法を明らかにしている点である。生鮮野菜は天候等によって収穫量が変動しやすい一方で、小売企業や外食企業などは必要な量の野菜を安定的に仕入れることを求めている。本書では、こうした矛盾をどのように解決しているのかを明らかにしている。

本書の構成は次の通りである。第1章では、本書の研究背景と目的、研究アプローチを整理した。さらに、本研究の主な分析対象は市場外流通であるため、研究の比較対象となる大量流通システムとしての卸売市場流通の仕組みと特徴を整理し、本書で取り上げる2000年以降の生鮮野菜流通の変化を整理している。第2章では、食の安心・安全に関する問題を契機にスーパーマーケットによって構築された、いわゆる生産者の「顔が見える」野菜の流通を研究対象とし、その生鮮野菜流通システムの特徴を明らかにしたうえで、その成立メカニズムをリスク分担の観点から検討している。第3章では、外食チェーンによる契約栽培・農業参入によって形成された生鮮野菜流通システムを研究対象とし、機能とリスク分担の観点からその成立メカニズムを検討している。第4章では、外食チェーンによる生鮮野菜の周年調達体制の構築と、周年調達における農業参入の役割と意義を検討している。第5章では、食品宅配事業の中から生協の宅配事業を研究対象として、カタログ販売であるがゆえにリスクが高まる生鮮野菜流通システムの成立メカニズムを検討している。第6章では、消費者向けカット野菜の流通を研究対象として、主体間の影響に着目しながら流通特性を検討したうえで、その成立メカニズムを検討している。第7章では、川上・川中の企業が全国各地で生産者を組織化することによって周年供給体制を構築する方法とその意義を検討している。第8章では、第7章までの分析を踏まえて、2000年以降の生鮮野菜流通システムの再構築について、再構築の要因、再構築の方法、流通形態、成立メカニズムを整理し、生鮮野菜流通シス

テムの再構築をとらえる枠組みを示している。

　なお、本書の内容の大部分は既に発表した論文を元に構成されており、それぞれの章の元となっている文献は以下のとおりである。調査時点から5年以上経過している論文に関しては、2020年に入ってから可能な限り再度インタビュー調査を実施し（主に第2章、第3章、第5章の事例）、初出時の状況と異なっている場合は、データや内容を最新のものに更新している。一方、現状を踏まえたうえで、論理構成上問題がなく、更新する必要がない内容や、流通の変化をとらえるうえでの当時の状況をそのまま記しておく必要がある内容については、そのままとしている。

【既出一覧】
第1章：池田真志（2007）『小売・外食産業における生産・流通システムに関する地理学的研究』東京大学大学院総合文化研究科博士論文（第1章、第2章）.
　　　　池田真志（2016）地図と統計からみる東京都の卸売市場『地図情報』36（3）：14-17.
　　　　池田真志（2020）小売業の基本（所収：坪井晋也・河田賢一編『流通と小売経営』創成社：21-41）.
第2章：池田真志（2005）青果物流通の変容と「個別化」の進展：スーパーによる青果物調達を事例に『経済地理学年報』51：17-33.
　　　　池田真志（2007）「顔が見える」野菜の流通とスーパーマーケット（所収：荒井良雄・箸本健二編『流通空間の再構築』古今書院：53-69）.
第3章：池田真志（2010）外食チェーンによる契約栽培・農業参入の成立メカニズム『拓殖大学経営経理研究』87：125-147.
第4章：池田真志（2018）外食チェーンによる生鮮野菜の周年調達体制の構築と農業参入の意義『拓殖大学経営経理研究』112：207-225.
第5章：池田真志（2010）生協の無店舗事業における需給調整システム―パルシステムの青果物流通の事例『拓殖大学経営経理研究』89：145-163.
第6章：池田真志（2020）消費者向けカット野菜の流通特性『拓殖大学経営経理研究』

117：59-73.

第 7 章：書き下ろし

第 8 章：書き下ろし

　本書は、学術書であるが、様々な企業の流通に関する事例研究でもあるため、青果物流通の実務担当者や政策担当者、産地の団体や生産者の方々、青果物流通の仕組みを学びたい大学生や社会人の方にも手に取っていただければありがたい。

　また、本書は第 1 章から順に読んでいただくことを前提に執筆しているが、第 2 章から第 7 章までの事例研究はそれぞれの章に独立性を持たせているため、関心のある章から読んでいただいても構わない。なお、「A 社」「B 社」などの表現については、章ごとにアルファベットを割り当てているため、異なる章における同じアルファベットの企業は必ずしも同じ企業を示していない。

　本書が、2000 年以降の生鮮野菜流通システムの再構築の 1 つの視点からの記録となり、今後の青果物の生産と流通に関わる方々に何らかの貢献があれば幸いである。

　なお、本書の発行にあたって、拓殖大学の「令和 2 年度出版助成」を受けている。

2020 年 9 月 25 日

池田　真志

目　　次

第1章　本書の目的と生鮮野菜流通の変化

1．本書の研究の背景と目的

　流通は常に変化している。1960 年代以降、スーパーマーケットなどのチェーンストアの成長により、大量流通システムが構築されてきた。本書では、大量流通システムを次のようにとらえる。大量流通システムは、大量生産された商品を、大量に流通させ、大量消費とつなぐ流通システムである。商品は、大量生産のために標準化・規格化され（林 1977）、効率的に生産される。標準化・規格化された商品は、効率的に流通させることができる。他方、戦後、消費側では大衆消費市場が出現した（佐藤 1974）。このような大量生産と大衆消費市場とをつなぐ流通システムが、効率化を重視したオペレーションを行う標準化・規格化を基調とする大量流通システムである。

　こうした大量流通システムを基礎としながら、日本の流通産業は発展してきた。たとえば、スーパーマーケット、コンビニエンスストア、ドラッグストア、家電量販店などはその象徴的な業態である。しかしながら、スーパーマーケットの経営破綻やコンビニエンスストアの成長の停滞から示唆されるように、大量流通システムに限界も見え始めている。この背景の 1 つには、日本の小売市場規模の縮小がある。すなわち、大量流通システムには大量消費が必要であるが、1990 年代後半から日本の小売市場規模は縮小し、さらに 2010 年代には日本の人口は減少し始め、今後は国内の市場規模の拡大は見込めない。

　以上を背景に、大量流通システムとは異なる論理で新たな流通システムが再構築されているのではないだろうか。つまり、1990 年代までの市場規模の拡大期における流通システムの構築とは異なり、1990 年代後半以降の市場規模縮小に対応する形で流通システムの再構築が進んでいると考えられる。そのため、本書では、1990 年代後半以降の市場規模縮小の影響が現れる 2000 年以降の流通システムの再構築を主な研究対象とする。流通システムの再構築の論理

を明らかにすることは、現代の流通の理解につながり、ひいては、今後の食の生産と流通のあり方を検討するうえで重要となると考えられる。

　以上を踏まえ、本書では、生鮮野菜[1]の流通を研究対象として、2000年以降の生鮮野菜流通システムの再構築をとらえ、その再構築がなぜ起こり、新たな生鮮野菜流通システムがどのように構築され、それがどのような流通形態であり、どのようなメカニズムで成立しているのかを明らかにする。すなわち、本書の目的は生鮮野菜流通システムの再構築の要因、構築方法、流通形態の特徴、成立メカニズムを明らかにすることである。

　第2章以降で示すように、価格や収穫量が変動する生鮮野菜生産の不安定性を克服し、川下側が求める安定性（一定の価格、一定の品質、発注数量通りの納品など）を実現させることは、生鮮野菜流通において重要である。そこで本書は、生鮮野菜流通における重要な課題である需給調整と安定供給、周年供給に着目する。なお、本書における「再構築」は、既に構築されている1990年代までの卸売市場流通（既存の卸売市場流通）とは異なる新たな流通システムを構築するという意味で用いる。

2．本研究のアプローチ

　本節では、本書において生鮮野菜の流通をとらえる枠組みを提示するために、本研究のアプローチと関連するアプローチの整理を行う[2]。

　生産と消費とがつながっている状態や企業などの取引関係のつながりは、比喩的にチェーン（鎖、連鎖）と表現されることがある。この表現は食品の流通に限らないが、食品の流通に関しては、フードチェーンという概念がある。髙橋・斎藤（2002）によると「フードチェーンとは農業者―食品加工業者―食品小売業者―消費の一連のつながりを指している。この連鎖関係を「農場から食卓」とかみくだいて表現することもある。なおフードチェーンのカバーする領域は、フードシステムよりは狭いと一般に考えられている」とされている。簡潔に言い換えれば、食の生産から消費に至る連鎖がフードチェーンである（荒木編 2013）。

　フードチェーンに類似した概念として、食の生産と流通と消費をとらえる

「フードシステム」がある。これは、農業経済学や食品経済学の分野で登場した概念である[3]。フードシステムについて、髙橋（1997）は次のように説明している。

　今日の「食」を理解するために、「川上」の農漁業から、「川中」の食品製造業、「川下」の食品小売業、外食産業、それの最終需要者である「みずうみ」にたとえられる食料消費をつなげ、さらに、それに影響を与える諸制度、行政措置、あるいは各種の技術革新などを含めて、その全体を 1 つのシステムとしてとらえようとすることである（髙橋 1997）。

　すなわち、フードシステムは、フードチェーンに影響を与える外部環境も含めた概念であるといえる。荒木編（2013）は、フードチェーンを動かしている仕組み、たとえば、自然環境や農政、貿易などのフードチェーンにかかわるより広範囲な仕組みをフードシステムとしてとらえている。このフードシステムを分析する枠組みとして、新山（2020）は、「複雑な構造を持つフードシステムの全体を一度に解明しうる概念と方法を提起するのは困難である」として、解明の対象とすべき全体構造をいくつかの副構造に分割し、それぞれの副構造を解明し、かつ副構造相互の関係を明らかにすることによって全体構造に迫るというアプローチを採り、フードシステムの全体構造を示している（新山 2020）[4]。

　一方、商品の生産から消費に至るチェーンを研究対象とするアプローチに、商品連鎖（Commodity Chain）アプローチがある（荒木ほか 2007）。これは、商品の生産と流通を通して地域間の関係をとらえようとするアプローチである。商品連鎖は世界システム論で提唱された概念であり、「商品」によって世界経済の周辺と中核が連結されるととらえる（荒木編 2013）[5]。

　以上に概観したような食の生産と流通と消費をチェーンやシステムとしてとらえるアプローチが登場した背景には、生産から消費に至る各段階をそれぞれ分析しても解決できない問題や見えてこない問題が起こり始めたことがある。たとえば、農村や小売業の現場の問題について、その原因や解決策を明らかに

するためには、農村や小売企業だけを研究しても不十分な場合もある。なぜその地域が貧困に陥っているのか、なぜその地域の生産物を高く売ることができないのか、なぜその地域でその農作物を作っているのか、スーパーマーケットが安全な食品を調達するためにはどのような仕組みを構築すれば良いのか、スーパーマーケットや外食チェーンの野菜の調達行動が農産物の生産地や農家にどのような影響を与えるのか、などのような問題は、農産物の生産地だけを調査しても明らかにならないし、スーパーマーケットのような小売企業だけを調査しても明らかにならない。これらの問題は、生産から消費に至るフードチェーン全体やフードシステムを分析しなければとらえられない（池田 2020a）。

　以上を踏まえて、本研究では、生鮮野菜の生産と流通と消費を「流通システム」という概念でとらえる。「流通システム」は、特に定義されずに使われたり、使用者によって異なる意味で使われたりする概念である。たとえば、日本型流通システムを分析した田村（1986）は、「流通システム」を「生産から消費にいたるまでの財の社会的流通の仕組みである」、「生産から消費までの財の社会的移動を生み出す企業間取引ネットワークである」としている。他方、三村（1992）は「流通システムとは、財の流通にさまざまな形で関与しているメーカー、卸、小売などの個別主体とそれらの間の取引関連全体をさしている」としている。また、岩重（2014）は「流通システムは、社会的な仕組みのため、それぞれの国は社会的背景に基づいた固有の流通システムを持つことになる」としている。さらに、田村（1986）が日本型流通システムの特徴として、小売商業における零細性、過多性、生業性、卸売多段階性などを指摘していることから、「流通システム」は一国全体の流通の仕組みを示すマクロな概念として使われていることが分かる。他方で、田島・原田（1997）は「流通システム」を生物と同じ有機体としてとらえる見方を示し、「流通システム」は環境の変化に応じて不断に変化するものとしている。

　以上のことから、「流通システム」は、小売業者や卸売業者、メーカーなどを構成要素とした社会的な流通の仕組みをシステムとしてとらえる概念であるといえる。加えて、「流通システム」は静態的なものではなく、変化する動態

的なものであるといえる。

　他方で、「小売主導型流通システム」や「メーカー主導型流通システム」（木立 2011）などの表現にみられるように、「流通システム」の前に用語を組み合わせ、特定の流通の仕組みの性質が示されることもある。さらに、藤島ほか（2006）が「青果物の流通システム」「米の流通システム」と表現したり、斎藤・慶野（2003）が「青果物流通システム」と表現し、秦（2015）が「出版物流通システム」[6]と表現したりするなど、品目ごとの流通の仕組みを「流通システム」として表現する場合もある。これらの場合は、一国全体の流通の仕組みをとらえる「流通システム」よりも限定的な意味で使われている。

　以上のことから、「流通システム」の概念の用法は、社会的な流通の仕組みを意味している点は共通しており、「流通システム」に含まれる範囲や「流通システム」をとらえる視点のレベル（国レベル、業界レベル、品目レベル）が異なっている。

　本書においては、個別企業レベルの生産から販売に至るまでの過程も 1 つの「流通システム」としてとらえる。そのうえで、本書では「流通システム」を、「商品の生産と流通に関わる主体を構成要素とし、それらの構成要素が有機的につながることによって、商品を生産して消費者に届けるシステム」ととらえる（図 1-1）。つまり、商品の生産から消費に至るまでの過程には様々な主体が関わっており、各主体が取引を通じた相互作用によって影響を及ぼしあい、調整が行われる結果、商品を供給することを目的として全体が機能するシステムが本書における「流通システム」である。この意味においては、個別企

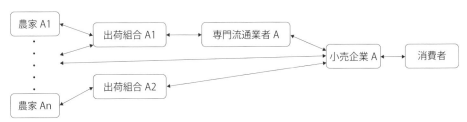

図 1-1　個別企業の生鮮野菜流通システムの概念図（一例）

注：矢印は、取引のつながりと相互作用を意味する。
資料：筆者作成。

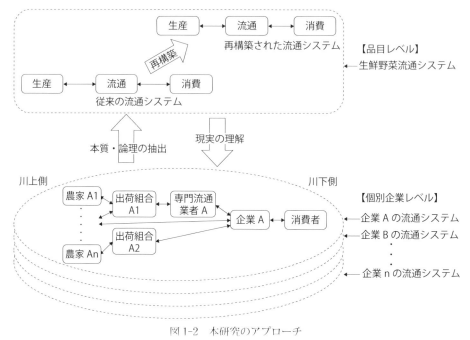

図1-2　本研究のアプローチ

資料：筆者作成。

業の「流通システム」も存在し、さらに個別企業の「流通システム」の分析から、より一般化した「流通システム」を導き出すことができる。以上のように、本書における「流通システム」は、既存研究で用いられる「流通システム」よりも限定的な範囲を示す。

　本書では生鮮野菜の流通を研究対象としているため、生鮮野菜の「流通システム」を「生鮮野菜流通システム」と表現する。また、流通は、生産と消費とを結ぶ経済活動を意味し、生産そのものを含まない概念であるが、流通の変化が生産に影響を与えることがあり、さらに生産者が流通システムの再構築に関わることもある。そこで、本書においては、生鮮野菜流通システムを野菜の生産者（農家）も含めた全体としてとらえることとする[7]。

　分析に際しては、具体的な事例研究を行う。図1-2は本研究のアプローチを

示したものである。流通システムは、それぞれの企業ごとにも存在する。さらに川下側の企業 A の流通システムに関わる専門流通業者 A や出荷組合 A1 などは、企業 B の流通システムに関わっている場合もある。つまり、点線の楕円で囲んだ 1 つの企業を起点として見た流通システムは、他の企業の流通システムにも関わっており、必ずしも単独の流通システムとして成立しているわけではない。

　本書では、複数の具体的な個別企業レベルの流通システムを分析することによって、それらに共通して内在する論理や本質を明らかにする。その結果を踏まえて、よりマクロなレベルでの流通システムの再構築について議論を行う。これにより明らかになった結果は、事例としなかった他の企業の流通システムも含めた現実の理解に敷衍することが可能となるであろう（図 1-2）。

　本書で主な研究対象となる川下側の企業による生鮮野菜の調達や契約栽培に関する研究は、農業経済学や農業市場学、フードシステム論などの分野で蓄積されてきた[8]。たとえば、小売チェーンの青果物調達に関する研究では、小売チェーンが小売市場でのシェアを拡大することによって川上側に対するバイングパワーを強めた結果、いかに仲卸業者や産地側に対してリスクや機能を転嫁してきたかという視点で論じられている（坂爪 1999；坂爪ほか 1997；佐藤 1998；髙橋 1990；森 1984、1992 など）。これらの指摘は 2000 年より前のものであるが、2000 年以降も小売企業による青果物調達による川上側への影響や産地側の対応に関する研究が蓄積されている（斎藤 2012、佐藤ほか 2016）。たとえば市場外流通や契約栽培に関する研究においては、主体間関係が分析対象となっており、小売チェーンと産地との間の提携関係に焦点が当てられている（斎藤 1999、2000a、2000b、2001）。さらに卸売市場外の流通システムにおけるコーディネーターの役割が検討されている（斎藤 2000b）。以上は小売チェーンを対象とした研究であるが、外食産業や中食[9] 産業においても主体間関係に焦点を当てた研究がなされ（小田 2004）、加工用青果物においても国内産地と契約企業との関係性が検討され、両者の間の提携関係が明らかにされている（種市ほか 2017）。さらにフードシステム論の分野では、バリューチェーン[10] の構築が課題として挙げられている（斎藤 2014）。

　ここまで概観したように、既存研究において、1990年代までは、川下側の企業による機能やリスクの川上への転嫁に焦点が当てられてきたが、2000年以降は、産地と川下側の企業の主体間関係が注目され、主体間の提携関係やパートナーシップが構築されていることが指摘されている。

　以上の既存研究の視点を踏まえて、本書においては、生鮮野菜流通システムにおける、川下側から川上側への影響、リスク分担の方法、機能分担の方法、主体間関係に着目しながら分析を進める。

3．生鮮野菜流通システム再構築の背景

　本節では、小売業界と外食産業を対象として、市場規模推移とその背景について整理し、生鮮野菜流通システム再構築の背景を検討する。

　小売業界は、1950年代までは、少数の大規模な百貨店と多数の中小零細小売店から成り立っていた。1950年代に入ると、現存する大手スーパーマーケットの1号店が誕生した。その後スーパーマーケットは急成長を遂げ、1972年には小売業全体の販売額に占めるセルフサービス店の販売額シェアが百貨店の販売額シェアを抜くと同時に、それまで小売業売上高1位であった百貨店の売上高をダイエーが抜いてスーパーマーケットが売上高1位となった（荒井1993、鈴木2006）。

　当時のスーパーマーケットの急成長の背景には、チェーン・オペレーションの導入がある。チェーン・オペレーションとは、同一ブランドで多店舗展開を行う経営手法である。小売企業の経営においては、経営規模を拡大しようとしても、1店舗で規模を拡大することには限界がある。チェーン・オペレーションは、本部機能と店舗機能を分離し、同一ブランドで多店舗展開する事によって、店舗はそれぞれの立地場所で適切な規模の状態で、企業全体の規模を拡大することを可能とする。スーパーマーケットは、チェーン・オペレーションを導入し、経営規模を拡大し、大量仕入れと大量販売により、大量流通システムを構築してきた。

　その後、日本の経済成長と相まって、スーパーマーケットは成長し、日本全体の小売業の市場規模も拡大してきた。図1-3は、『商業統計』による小売業

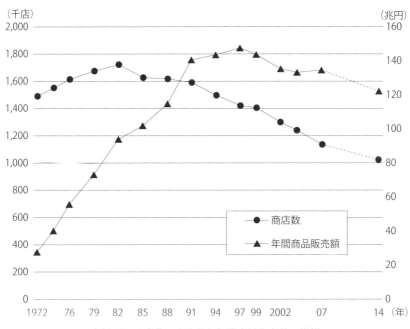

（千店）　　　　　　　　　　　　　　　　　　　　　　　　　　　　（兆円）

図 1-3　小売業の商店数と年間商品販売額の推移

注：2007 年のデータと 2014 年のデータは母集団が異なるため単純な経年比較はできない。
資料：池田（2020b）より作成（元資料：『商業統計』より作成）。

の商店数と年間商品販売額の推移を示したものである[11]。これによると、商店数は 1982 年まで増加し続けたが、その後は減少傾向にある。他方、年間商品販売額は 1997 年まで増加し続けたが、その後、減少傾向にある。このように商店数と商品販売額のピークは異なる。1982 年から 1997 年のように商店数が減少しているのにもかかわらず、年間商品販売額が増えていることは、1 店舗あたりの商品販売額が増えていることを意味する。すなわち、小規模な商店が減少し、大規模な商店が増えている。1 店舗当たりの年間商品販売額は、1999 年に一度減少するものの、その後も増加し続けている（図 1-4）。

　以上のように、小売業の市場規模は 1990 年代後半までは拡大し続けたが、その後は縮小傾向にある。さらに、小規模な店舗の割合が減少し、大規模店舗の割合が増えている（池田 2020b）。

（百万円）

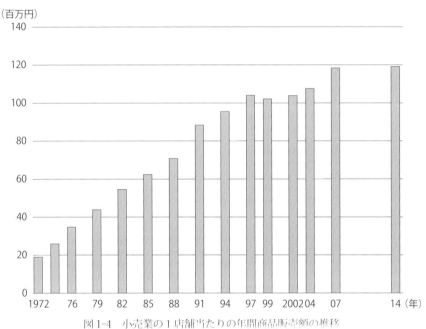

図1-4　小売業の1店舗当たりの年間商品販売額の推移

（注）2002年までは4年ごと、それ以降は3年ごとに調査が実施されている。
資料：商業統計より作成。

　このような小売構造の変化の中における、消費者の生鮮野菜の購入先をみて
いこう。総務省の『平成26年全国消費実態調査』[12]によると、生鮮野菜の1
世帯当たりの1ヵ月間の支出に関して、購入先別の金額は、八百屋などの一般
小売店が320円であるのに対して、スーパーマーケットが3,046円となってい
る（表1-1）。このことから、生鮮野菜の流通において、スーパーマーケットが
重要な役割を果たしていることが分かる。しかしながら、小売業の市場規模が
縮小する中で、スーパーマーケットは、卸売市場から調達する野菜のみでは自
社のこだわりを表現したり、他社と差別化したりすることが困難である。その
ため、スーパーマーケットは、市場外流通に取り組み、1990年代以降、青果
物流通を再編成している（坂爪1999）。2000年以降はさらに小売業界の市場規
模が縮小しているため、スーパーマーケットによる生鮮野菜流通システムの再

表 1-1　生鮮野菜の 1 世帯あたり 1 ヵ月間の支出金額

購入先	円
一般小売店	320
スーパー	3,046
コンビニエンスストア	33
百貨店	73
生協・購買	286
ディスカウントストア・量販専門店	78
通信販売（インターネット）	26
通信販売（その他）	70
その他	137

資料：総務省『平成 26 年全国消費実態調査』より作成。

表 1-2　大手外食チェーン（洋食）の 1 号店出店年

出店年	出店企業
1970 年	すかいらーく、日本ケンタッキー・フライド・チキン
1971 年	日本マクドナルド、ミスタードーナッツ、ロイヤル
1972 年	モスフードサービス、ロッテリア
1973 年	サイゼリヤ
1974 年	デニーズジャパン
1980 年	ジョナサン

資料：各社ウェブサイトにより作成。

構築が進んでいる可能性がある。

　一方、外食産業においても小売業界と同様に、チェーン・オペレーションによる大量流通システムが構築されてきた。以下、小田（2004）に基づき、その歴史を整理しよう。

　1960 年代頃までは零細企業の集団であった飲食業が、1970 年以降、近代的な企業集団である外食産業に発展した（小田 2004）。この背景には、外食チェーンの誕生があり、1970 年以降に大手外食チェーンの 1 号店が次々と開店した（表 1-2）。その後、1970 年代から 1990 年代後半まで外食産業の市場規模は拡大し続けた（図 1-5）。

　外食産業の成長の原動力は、外食チェーンの誕生と成長である。外食チェー

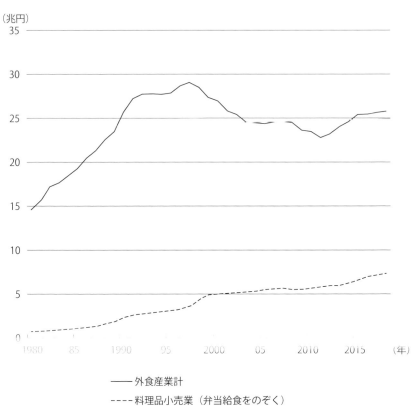

図1-5　外食産業と料理品小売業の市場規模の推移

資料：(公財) 食の安全・安心財団のウェブサイトにより作成。

ンの成長は、「調理の外部化」と呼ばれる経営革新によって可能となった（小田2004）。飲食店がチェーン・オペレーションを導入しようとしても、調理工程があるため、各店舗に料理人を配置する必要があり、多店舗展開は容易ではない。そこで、外食チェーンは、セントラルキッチンや仕様書発注の形で調理工程を店舗の外に出し（調理の外部化）、店舗ではアルバイト従業員でも可能な簡単な仕上げ調理と盛り付けのみで料理を提供することを可能にした。これにより、外食チェーンは各店舗に熟練した料理人を配置する必要がなくなり、急速な多店舗展開が可能となった。

　外食産業においてもチェーン・オペレーションが普及するにつれて、外食チェーンが流通に影響を及ぼすようになってきたと考えられる。すなわち、外食チェーンは、複数の店舗で使用する食材を本部が一括で大量に調達することができる。その結果、外食チェーンが川上・川中まで踏み込んだ新しい垂直的調達システムを構築している（小田2004）。このように、生鮮野菜流通システムの構成員として外食チェーンは重要な主体となっている。

　一方で、外食産業の市場規模は、1990年代後半から縮小し、近年再び上昇傾向にあるが、1990年代後半の市場規模までは回復していない（図1-5）。他方、いわゆる中食の1つである料理品小売業は、市場規模を伸ばし続けている。図1-5の料理品小売業の市場規模は弁当・惣菜店などの値であり、スーパーマーケットや百貨店などにテナントとして入店している店舗の売上高は含まれるが、スーパーマーケットや百貨店などが直接販売している弁当や総菜の売上高は含まれない。そのため、実際の中食の市場規模は図1-5の値より大きいと考えられる。以上のように、1990年代後半以降、「食の外部化」が進展し、中食市場は成長しているが、外食市場は伸び悩んでいる（木立2019）。

　こうした環境の中で、外食産業においては、他社との差別化のために契約栽培や農業参入に乗り出す動きがみられる（小田2004）。外食産業の市場規模の縮小を契機とする外食企業の食材調達が、2000年以降にも新たな生鮮野菜流通システムを構築している可能性がある。

　他方、市場規模の拡大を続ける中食産業においては、中食を生産するメーカーが生鮮野菜流通システムに影響を及ぼしていると考えられる。そのため、本書では中食産業も研究対象とする。

4．卸売市場流通と生鮮野菜流通の変化

　次に、生鮮食品の流通において重要な役割を果たしている卸売市場流通の仕組みと変化を整理したうえで、本書の分析対象となる2000年以降の生鮮野菜流通の変化について整理する。

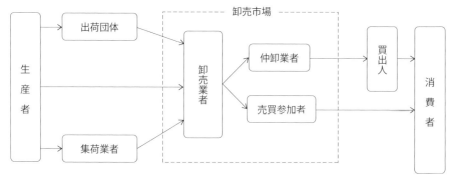

図 1-6　卸売市場流通の仕組み

注：矢印は取引の流れ（商流）を示す。
資料：東京都中央卸売市場（2015）『事業概要　平成 27 年版』、農林水産省（2019a）『平成 30 年度　卸売市場データ集』により作成。

4.1.　卸売市場流通の仕組み

　生鮮食品の流通経路は多様であるが、日本の生鮮食品流通において重要な役割を担ってきたのが卸売市場である。卸売市場の制度を規定する卸売市場法によると、「卸売市場とは、野菜、果実、魚類、肉類、花き等の生鮮食料品等の卸売のために開設される市場であって、卸売場、自動車駐車場その他の生鮮食料品等の取引及び荷さばきに必要な施設を設けて継続して開場されるものをいう（卸売市場法第 2 条第 2 項）。」（農林水産省 2019a）。つまり卸売市場は、野菜、果実、魚類、肉類等の生鮮食料品が集荷され、せり・入札取引や相対取引によって、仲卸業者や小売企業などに販売される取引の場である。

　ここではまず、第 2 章以降の生鮮野菜流通システムの比較検討の対象となる卸売市場流通の基本的な仕組みを整理する（図 1-6）[13) 14)]。

　生産者が生産した農産物は、農協（農業協同組合）などの出荷団体や集荷業者等に出荷され、出荷団体等に出荷された農産物は、卸売市場に出荷される。生産者が卸売市場に直接出荷する場合もある。卸売市場では、卸売業者が、出荷者から販売委託された農産物や買付集荷した農産物を、せり・入札取引や相対取引によって仲卸業者や売買参加権を持つ売買参加者に販売（卸売）する。仲卸業者は卸売市場内に店舗を構えており、買出人（八百屋などの小売業者や飲

食業者など）は仲卸業者の店舗に仕入れに来る。仲卸業者は仕入れた農産物を買出人に販売したり、スーパーマーケットなどの大口の需要者からの注文に応じて農産物を調達して、販売したりする。

　このような卸売市場を経由する流通を「卸売市場流通」と呼ぶ。他方、産地の生産者や出荷団体等と小売企業等が直接取引をする流通や、専門流通業者が産地の生産者や出荷団体などから野菜を仕入れて小売企業等に販売する流通のような卸売市場を経由しない流通は「市場外流通」と呼ばれる。

4.2.　大量流通システムとしての卸売市場流通

　卸売市場流通は、全国で生産された生鮮食品等を効率的に全国に流通させる仕組みである。

　卸売市場法により、中央卸売市場の卸売業者は、正当な理由がなければ出荷された荷物を拒否することはできない。さらに、卸売市場が代金決済機能も担っている。そのため、卸売市場流通は、出荷者（産地の出荷団体、農家）の視点からみれば、自ら販売先を探さなくても、卸売市場に出荷すれば、出荷した農産物を必ず売ることができ、卸売業者から代金が振り込まれるため、メリットのある仕組みである。すなわち、生産者は、販売先を探したり、販売先と交渉したりする必要がなく、生産に専念することができる。このようなメリットがある仕組みであるため、多くの生産者が農協等を通して卸売市場に出荷し、多くの生鮮野菜が卸売市場を経由して流通している。

　卸売市場流通においては、大量の生鮮食品等を効率的に流通させるために、生鮮食品の規格化・標準化がなされてきた。生鮮野菜は、工業製品とは異なり、形や大きさ、色づきなどが様々なものが生産（収穫）される。多様な形や大きさごとに取引価格を決めることは非効率であるため、青果物の規格化が進められた（橋本 2012）。「野菜の規格統一の動きは、（中略）1970 年の農林省「野菜の全国標準規格」の制定がスタートラインといえる」（橋本 2012）。これにより野菜は、外観による等級（秀品、優品、良品、又は A 品、B 品、C 品など）と大きさによる階級（LL、L、M、S、SS など）に分けられることとなった。

　この規格化により、野菜の取引における値決めが合理化された。すなわち、

様々な大きさや形の野菜をそれぞれ値決めすることは手間がかかるが、同じ等階級の野菜、たとえば「千葉県のA農協、秀品、Lの大根」は同じ産地であり、同じ外観や大きさであるため、同じ値付けが可能となる。さらに、小売店舗においては、仮に様々な大きさや形の野菜が届けば、大きさごとに値決めをするか、量り売りをする必要があるが、野菜の規格化によって同じ外観や大きさの野菜が納品されるため、値決めと販売が効率化される。

しかしながら、外観や大きさによって野菜の価格が決められることは、それ以外の特性、たとえば、栽培方法によって野菜を高付加価値化し、高値で販売することが難しいことを意味する。仮に農薬や化学肥料を減らして生産された野菜であっても、農協を通して他の生産者の野菜と一緒に卸売市場に出荷されると、その栽培方法は価格に反映されない。

さらに、卸売市場における取引価格は、基本的に需要と供給のバランスによって決定される。つまり、供給量より需要量が多い場合は価格が上がり、供給量より需要量が少ない場合は価格が下がる。卸売市場では、かつてはセリか入札が取引の原則であったが、2000年にセリ原則が廃止された（坂爪2019）。その結果、セリ取引の割合は急速に下落し（坂爪2019）、相対取引の割合が増加した。しかしながら、取引価格が需要と供給のバランスに大きく影響されることは変わらない。そのため、卸売市場流通において、農家は基本的に自分で値段を決めて売ることができず[15]、出荷した野菜がいくらで取引されるか分からない。このような値決めの方法は、卸売市場における公正かつ効率的な取引のためであるが、流通の効率化にもつながっている。

さて、大量流通システムの前提である大量生産は、規格化・標準化された商品を大量に生産することであるが、生鮮野菜は生産者のほとんどが小規模であり、分散しているため（木立2006）、工業製品のような方法での大量生産はなされない。しかし、1960年代後半以降の卸売市場の整備によって、零細な生産者の生鮮野菜を「農協の大型共販に集結し、卸売市場へ出荷することを通して、従来、域内・少量流通を基本としていた生鮮食品流通は広域・大量流通へと転換していくこととなった」（木立2006）。

工業製品と生鮮野菜の違いは、工業製品の場合は生産段階で商品が標準化さ

れるが、生鮮野菜の場合は卸売市場への出荷ロットを形成する段階で商品の標準化がなされる点である。そのため、卸売市場流通は、標準化・規格化された商品を大量に流通させ、全国の消費者に商品を届けるという点において、大量流通システムであるととらえられる。すなわち、本書における生鮮野菜の大量流通システムは、生鮮野菜が産地段階で等階級ごとに揃えられ、標準化・規格化した大量の商品が、卸売市場を介して大量に流通し、大量販売を行うスーパーマーケットや外食チェーンなどを通して、大衆消費市場に届けられる流通システムを意味する。

4.3. 卸売市場経由率の低下と市場外流通の成長

　卸売市場経由率[16]は、野菜は1980年代半ばまで、果実は1970年代半ばまで上昇傾向で推移してきた（藤島2003a,b）。図1-7は、1989年以降の青果（野菜と果物を合わせた値、輸入を含む）と、野菜（輸入を含む）と果物（輸入を含む）と国産青果の卸売市場経由率の推移を示したものである。

　1989年時点の卸売市場経由率は、青果が82.7％、野菜が85.3％、果物が78.0％であったが、その値は年々低下し、2016年時点で、青果が56.7％、野菜が67.2％、果物が37.7％となっている。一方、国産青果に限定した値をみると、データが入手できた最も古い時点の2002年の93％から、2016年の79.5％まで低下している。

　卸売市場経由率が年々低下している要因はいくつかあるが、その1つは卸売市場を経由しない輸入青果と加工青果の流通量が増えたことである（藤島2003a,b）。もう1つの要因は、大規模な小売企業や外食企業などが、産地の生産者組織（農協、農業法人、出荷組合など）や青果物専門流通業者から直接仕入れる市場外流通に力を入れ始めたことである。さらに、それに応じる形で、産地の生産者組織や生産者の中にも、卸売市場に依存せずに、実需者（小売企業、外食企業、中食企業など）に直接販売する動きが出てきたことが卸売市場経由率低下の原因として挙げられる。市場外流通の割合が増えていることは、卸売市場流通の限界を示唆しているともとらえられる。

　以上を踏まえて、本書では、卸売市場外で起きている生鮮野菜流通システム

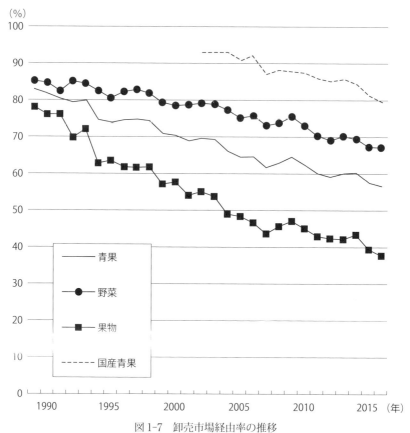

図 1-7　卸売市場経由率の推移

資料：農林水産省『卸売市場データ集』（平成 30 年度、平成 21 年度）より作成。

の再構築を研究対象とし、従来の卸売市場流通と比較検討しながら分析を進める。

4.4.　生鮮野菜流通における 2000 年以降の変化

　本書では、生鮮野菜流通における主に 2000 年以降の変化のいくつかをとらえ、その変化によって構築された生鮮野菜流通システムを研究対象としている。以下、本書で取り上げる流通の変化を簡単に整理する。

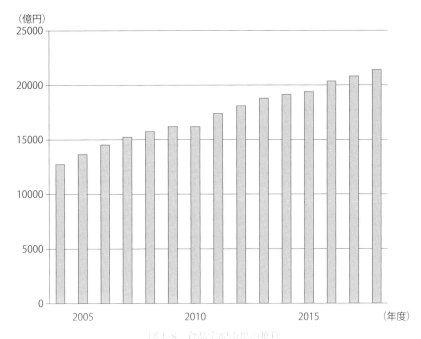

（億円）

資料：池田（2020b）より転載（元資料：矢野経済研究所プレスリリースより作成）。

　2000年以降の変化の1つ目は、大手小売企業による食の安心・安全への対応が本格化した事である（第2章）。2000年以降に、大手食品メーカーによる集団食中毒事件やBSE問題、産地偽装など、食の安心や安全に関わる問題が次々と発生し、食の安心・安全に対する社会的な関心が高まった。それに対応する形で、大手小売企業各社は食の安心・安全への取り組みを強化した。それらは、いわゆる生産者の「顔が見える」野菜の導入やトレーサビリティシステムの導入に象徴される取り組みである。

　2つ目は、小売企業や外食企業による契約栽培や農業参入の進展である（第3章、第4章）。2000年以降、小売企業や外食企業による契約栽培や農業参入の動きが加速した。これらの動きは、小売企業や外食企業が卸売市場から野菜を調達するのではなく、自ら産地の生産者組織と契約栽培を行い、野菜を直接仕入れる生鮮野菜流通システムを構築している。

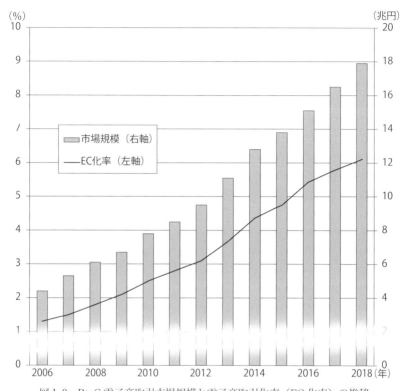

図1-9　BtoC電子商取引市場規模と電子商取引化率（EC化率）の推移
注：この市場規模には、財のみではなくサービスの市場規模も含まれる。EC化率は、全ての商取引金額に対する電
　　子商取引市場規模の割合を示す。
資料：経済産業省『電子商取引実態調査』（各年版）より作成。

　3つ目は、食品宅配事業の成長である（第5章）。1990年代後半以降に小売
業界の市場規模が縮小している中で、食品宅配の市場規模は成長し続けている
（図1-8）。インターネットの普及と、パソコン、スマートフォン、タブレット
端末などのインターネット利用端末の普及とが相まって、インターネット通信
販売の市場規模も年々拡大している（図1-9）。食品宅配市場の中でシェアが最
も大きい事業が生協宅配（39.6％、2017年度）[17]である。食品の宅配事業にお
ける生鮮野菜流通システムは、実店舗で商品を販売する小売業の流通システム
とは需給調整の方法や成立メカニズムなどが異なると考えられる。

　4つ目は、中食市場の拡大である。前述のように、外食産業の市場規模が伸び悩む一方で、中食市場は拡大している。本書では中食の中から、生鮮野菜である消費者向けカット野菜に焦点を当てる。消費者向けカット野菜の市場規模は拡大を続けている（第6章）。総務省の「家計調査」によると1992年以降、生鮮野菜の購入金額は年々減少傾向にある一方で、「サラダ」の購入金額は増加傾向にある（農林水産省2019b）。すなわち、ホールの生鮮野菜ではなく、購入後にサラダとしてそのまま食べることができるカット野菜の需要が増えている。カット野菜の流通システムは、流通の過程でカットなどの加工工程が入るため、ホールの生鮮野菜の流通システムとは大きく異なると考えられる。

　5つ目は、小売企業や外食企業ではなく、流通の川上・川中に位置する企業が、生産者を組織化して、周年供給体制を構築する動きである（第7章）。これは、卸売市場が提供している周年供給などの機能を、別の主体が担おうとする動きの1つであり、新たな生鮮野菜流通システムの構築であると考えられる。

　本書では、これらの生鮮野菜流通の変化を取り上げ、大量流通システムとは異なる新たな生鮮野菜流通システムが構築されているのではないかという問題意識に基づいて分析を進めていく。

注

1) 本書で研究対象としている「生鮮野菜」には食品表示法の食品表示基準に基づいて、単品の野菜を単に切断したもの（カット野菜）も含める。食品表示基準については、消費者庁のウェブサイト（https://www.caa.go.jp/policies/policy/food_labeling/information/pamphlets/pdf/jas_1606_5.pdf）を参照した（2020年3月26日閲覧）。
2) 以下の記述は、池田（2020a）に基づく。
3) フードシステム研究に関しては既にいくつかのレビューがなされている（荒木1995、2002；立川2003など）。
4) 新山（2020）は、この副構造として、「連鎖構造・垂直的行動」「競争構造・水平的行動」「企業構造・企業行動」「企業結合構造」「消費者の状態と消費やの行動」の5つを示している。
5) 商品連鎖アプローチは、先進国で消費される商品が、いかにして途上国に影響を与えているのかをとらえようとするアプローチである。本書では、流通における各主体が川上側に及ぼす影響を検討するが、商品連鎖の概念は、主にグローバルスケールで商品を通じて先進国と途上国の関係を議論するという背景がある。このような問題意識と本研究の問題意識とは異なるため、

本書では商品連鎖アプローチを用いない。

6）秦（2015）は、「流通システムとは生産から消費に至る一連の過程」としている。

7）箸本（2001）は、流通システムの情報化が「卸売業や小売業だけでなく、その川上に位置するメーカーにも少なからぬ影響を与えている」ことから、「「流通システム」の範疇を、卸売業、小売業など狭義の流通業にとどめず、メーカーを含めた「製・配・販」全体」としており、本書もこの考えに倣う。また、田島・原田編著（1997）は、「流通の担い手としての生産者と消費者を加えた全体の流通の仕組みは、流通組織または流通機構と呼ばれる。流通組織について特にその構成員間の関係のあり方に注目するときには、流通システムと呼ぶこともある」と述べており、「流通システム」は流通の担い手として生産者も含める概念としても使われる。

8）以下の文献レビューは、池田（2010）を元に加筆したものである。

9）外食は家の外で調理されたものを家の外で食べることであり、中食は家の外で調理されたものを家の中などの店舗の外で食べることを意味する。たとえば、弁当や総菜を店舗で購入して自宅で食べることは中食である。

10）斎藤（2014）によると、「ここでのバリューチェーンとは、経営体が利益を生む競争的優位性を確保することを目的に、価値を創造するために、調達から製造・加工、販売のそれぞれの活動を効果的に連鎖させることを意味する。」（斎藤 2014）とされている。

11）以下の内容は、池田（2020b）に基づく。

12）総務省の『平成26年全国消費実態調査の概要』（https://www.stat.go.jp/data/zensho/2014/cgaiyo.html）（2020年3月18日閲覧）より。

13）卸売市場の基本的な仕組みに関する記述は、池田（2016）に基づく。

14）図1.6には示されていない取引として、仲卸業者が出荷者から直接仕入れる直荷引きや、卸売業者が仲卸業者や売買参加者以外の第三者（卸売市場外の業者）に卸売する第三者販売がある。

15）出荷者は「指値」という形で、一定の価格以上で販売するように価格を指示することも可能である。

16）卸売市場経由率は、国内で流通した加工品を含む国産及び輸入青果物、水産物、食肉、花きのうち、卸売市場を経由したものの数量割合の推計値である（農林水産省 2019a）。

17）矢野経済研究所プレスリリース（https://www.yano.co.jp/press-release/show/press_id/1931）（2020年3月17日閲覧）より。

第2章　スーパーマーケットによる「顔が見える」野菜の流通

1．はじめに

　2000年代前半、大手食品メーカーによる集団食中毒事件、食品への異物混入事件、残留農薬問題、BSE問題など、日本では食の安心や安全をめぐる様々な問題が発生し、流通業界は食の安心や安全への対応に迫られた。その対応は具体的には、トレーサビリティ[1]システムやいわゆる生産者の「顔が見える」野菜の導入である。この一連の動きは、既存の流通システムの問題点を浮き彫りにしたといえる。すなわち生鮮食品における大量流通システムでは、流通経路（生産者から消費者への商品の流れ）がブラックボックス化し、生産者と消費者は切り離されてしまっている。消費者は、小売店舗で販売されている野菜がどこの誰によってどのように生産され、どのように流通されてきたものかを知ることができず、農家は自分が作った野菜がどこでどのように販売されているかを知ることができなかった。

　トレーサビリティシステムや「顔が見える」野菜の導入は、野菜の生産と流通の過程を明確にしようとする動きであり、ブラックボックス化した流通を透明化し、切り離された生産者と消費者を近づけようとする動きである。言い換えれば、卸売市場を通した大量流通システムとは一線を画する新しい変化が起きていると考えられる。

　1960年代以降、流通の効率化のために画一化や標準化が重視されてきたが、食の安心や安全が重視されるようになった結果、新たな流通システムが構築されているのではないか（第2節）。それは大量流通システムとは異なり（第3節、第4節）、さらには、生産や流通のあり方を大きく変え、生産と流通と消費の関係を変化させているのではないだろうか（第5節）。

　本章では、スーパーマーケットによる「顔が見える」野菜の調達を手がかりに、上述の課題を明らかにすることで、食の安心・安全への対応として生じた

生鮮野菜流通システムの再構築について検討する。

　調査方法は主に聞取り調査である。調査では、「顔が見える」野菜を導入している スーパーマーケット（6社）と、その生産と流通に関わる一連の主体、具体的には、スーパーマーケットの青果物仕入担当者、スーパーマーケットに「顔が見える」野菜を供給している農協や出荷組合、専門流通業者、さらに、そこに野菜を出荷している農家を対象とした。これらの聞取り調査の結果から、「顔が見える」野菜の流通システムの構築の背景、仕組みの実態と、仕組み構築前後での野菜の生産や出荷方法の変化、主体間の取引内容やルール、各主体の行動とその背景にある考え方などについて総合的に考察を行う。加えて、農協および卸売市場を経由する従来の卸売市場流通と比較検討することで、「顔が見える」野菜の流通を実現するために構築された新たな生鮮野菜流通システムの特徴を明らかにする。

　本研究で研究対象とした6社は、全国に店舗を展開するナショナルチェーンから特定の地域にのみ出店しているリージョナルチェーンまでの様々な規模のスーパーマーケットである。なお、調査は2003年3月から2003年11月に実施し、最新の情報に内容を更新するために2020年2〜3月に追加調査を実施した。

2．生鮮野菜流通における「個別化」の進展

2.1.「顔が見える」野菜の導入

　「顔が見える」野菜とは、小売店舗で生産者が特定できる野菜を意味する。たとえば、イトーヨーカ堂は2002年に「顔が見える野菜。」というブランド名で、商品のラベルに生産者名と生産地区とID番号を記載した野菜の販売を開始した。このID番号を同社のウェブサイトに入力すると、その野菜の生産者情報などを閲覧することができる。その後、イトーヨーカ堂は、同ブランドを果物や肉などにも拡大し「顔が見える食品。」という上位ブランドを確立している[2]。また、西友は群馬県の甘楽富岡農協から直送する野菜に生産者名の入ったラベルを添付し、売り場に生産者の写真を飾って販売している。2000

表2-1　「顔が見える」野菜の導入時期と流通形態

企業名	導入時期	流通形態
Aスーパー	2003年2月	
Bスーパー	2002年7月	専門流通業者方式
Cスーパー	2002年5月	
Dスーパー	2001年2月	
Eスーパー	2002年4月	インショップ方式
Fスーパー	1998年10月	

資料：各社ウェブサイト、聞取り調査により作成。

年以降、このような「顔が見える」野菜を大手スーパーマーケット各社が導入している（表2-1）[3]。

　研究対象としたスーパーマーケット6社への聞取り調査によると、「顔が見える」野菜の導入の背景は以下の3つに集約される。

　1つ目は、JAS法[4]の改正である。農林物資の表示に関する同法は、1999年の改正により、2000年7月1日以降に販売される生鮮食品に原産地表示を義務付けた。さらに、登録認定機関の認定を受けなければ「有機」や「オーガニック」などの表示が使用できなくなった。このJAS法の改正により、スーパーマーケット各社は青果物の表示方法を再検討することになった。加えて、当時、「完熟」「特大」「健康」などのあいまい表示が青果物業界で問題になったことも、スーパーマーケットがそれまで使用していたブランド名や表示内容を見直す要因の1つとなった。

　2つ目は、本章の冒頭で述べたような食の安心・安全や企業の信頼をめぐる諸問題[5]の発生である。この問題の本質は、消費者が食品に対して漠然と抱いていた「安全」が覆されたことであり、食品を提供する企業への「信頼」が揺らいだことである。さらに、流通というブラックボックスに対する不信感が浮上したともとらえられる。このような社会的な変化へのスーパーマーケットの対応の1つが「顔が見える」野菜の導入であった。スーパーマーケットは、店舗では産地や生産者の写真を飾り、産地の様子が垣間見られるようなディスプレイを導入し始め、商品のラベルには産地のみならず生産者名を入れ始め

た。これによって、スーパーマーケットは消費者に対して安心感や信頼感を与えようとしたのである。

　3つ目は、既存商品の問題点の解決と他社との差別化である。卸売市場から調達する商品では生産者や生産方法が特定できないという問題点の解決のために、スーパーマーケットは卸売市場外から「顔が見える」野菜の調達を開始した。さらに、スーパーマーケットは、卸売市場から調達する野菜では他社との差別化が困難であるため、「顔が見える」野菜を自社独自ブランド商品として販売することによって、他社との差別化を図ろうとした。

　以上に加えて、マーケティングとの関係から以下の点が指摘できる。スーパーマーケットは従来、大衆消費市場をターゲットとするマス・マーケティングを展開してきたが、消費の多様化が進展し、食の安心・安全をめぐる諸問題から安心・安全を求める傾向が顕在化したため、市場細分化を行い、安心・安全を求める市場セグメントに対するマーケティングを始めたととらえられる。すなわち、スーパーマーケットがそれまで進めてきた不特定多数・同質需要のマス・マーケティングから脱却しようとする動きが「顔が見える」野菜の導入であるといえる。

　さて、ある商品の生産者の「顔が見える」ことは、必ずしもその商品の安全性を保証するものではない。しかし、商品の安全性が科学的に証明されなくても何らかの方法によって消費者の心の中に安心がもたらされることはありうる。その具体的な手法1つが生産者の「顔が見える」ことである。スーパーマーケットは生産者の「顔が見える」という価値を提供することで、消費者に対して安心感を与えようとしたのである。このような動きは、スーパーマーケットが多様化する消費に対して多様な選択肢を与えようとするマーケティングの一環であると考えられる。

2.2.　生鮮野菜流通の「個別化」

　従来の卸売市場流通では生産者の「顔が見える」野菜の流通は実現できない。そのため、「顔が見える」野菜を実現するためには、野菜の生産から小売の全ての段階で、新たな仕組みを構築する必要がある。具体的な事例を元に検

①専門流通業者方式

②インショップ方式

③卸売市場流通

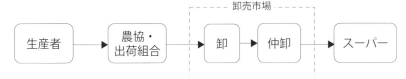

図2-1　「顔が見える」野菜の流通形態と卸売市場流通

注：矢印は商流を示し、物流とは必ずしも一致しない。
　　①と②が「顔が見える」野菜の流通形態であり、③は卸売市場流通の一例である。
資料：聞取り調査により筆者作成。

討しよう。

　まず、スーパーマーケットによる「顔が見える」野菜の調達方法をみると、その流通形態は2つのタイプに分類できる。図2-1の①と②が「顔が見える」野菜の流通形態であり、③は比較対象として示している卸売市場流通の一例である。

　表2-1のAスーパー〜Dスーパーは、「顔が見える」野菜を青果物専門流通業者から仕入れている。これらの専門流通業者は、関東に本社を置いており、全国の複数の産地の生産者組織（農協、農業法人、出荷組合など）や生産者から野菜を仕入れ、「顔が見える」野菜としてスーパーマーケットに納品している。本書ではこの流通形態を「専門流通業者方式」と呼ぶ。他方、Eスー

パーとFスーパーは農協や出荷組合などの単一の生産者組織から「顔が見える」野菜を仕入れている。農協や出荷組合は、組合員（生産者）の野菜を集めてスーパーマーケットに直接納品する。この場合、店舗ではその産地専用のコーナー（インショップ）を設けて販売しているため、本書ではこの方式を「インショップ方式」と呼ぶ。以上のように、スーパーマーケットは卸売市場からの調達とは別に「顔が見える」野菜独自の調達ルートを形成している。

　生産者からスーパーマーケットまでの商品の流れに着目すると、専門流通業者方式においては、専門流通業者が全国各地の生産者組織や生産者から野菜を仕入れ、その野菜に生産者名と産地、ID番号が記載されたラベルを貼り、スーパーマーケットに出荷する。一部のスーパーマーケットは、ID番号をインターネットのウェブサイトに入力すると生産者情報などを閲覧することができる仕組みを構築している。専門流通業者は、生産者情報を一元管理しており、野菜のカットやパッキング、ラベル付けを行う作業ラインは、生産者ごとに分けられている。

　他方、インショップ方式においては、野菜の生産者が自ら商品を個別包装し、ひとつひとつの商品に自分の名前の入ったラベルを添付して出荷する。商品は産地の集荷場から毎朝、スーパーマーケットの各店舗や配送センターに直接配送される。

　大量流通システムでは、さまざまな生産者の野菜が混ぜられる場合もあるが、その場合、消費者は小売店舗において野菜の生産者を区別できない。そのため、スーパーマーケットが「顔が見える」野菜を販売するためには、生産から小売のすべての段階で商品を個別に扱い、生産者ごとの商品が混ざらない仕組みが必要とされる。

　このような現象は、流通の「個別化」という概念でとらえることができる。流通の「個別化」について荒井（2004）は次のように説明している。「大量流通においては、同一種類の商品はどれも同じであり、いわば匿名のものとして扱われる。「顔の見える流通」では、同じ商品でも産地や生産者の名前を冠した個別のものとして扱われる」。そして、「流通チャネルにおいて、商品を一緒くたにではなく、できるだけ個別に扱おうとする変化」を流通の「個別化」と

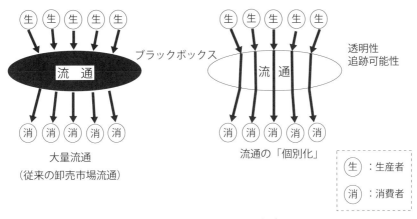

図 2-2　流通の「個別化」の概念図

資料：筆者作成。

呼ぶ（荒井 2004）。この概念を野菜に当てはめて具体的に考えてみよう。大量流通システムにおいては、同じ産地の同じ等階級の野菜、たとえば「千葉県 A 農協の L サイズの A 品の大根」であれば、それらは全て同じものとみなされ、生産者によって区別されなかった。さらに JAS 法の改正によって原産地表示が義務付けられる以前は、異なる産地の野菜が店舗では混ぜて陳列されることもあった。それとは異なり、同じ品目の商品でも生産者ごとに区別して扱おうとする変化が流通の「個別化」である。これは、たとえば同じ大根でも、A さんが生産したものと B さんが生産したものは別のものと認識され、区別されて流通させることを意味する。大量流通システムでは、流通段階で商品は生産者ごとには区別されずに混ぜてロットを形成することがきるが、「個別化」した流通では各生産者の商品を混ぜずに流通させる点が大きな違いである（図 2-2）。

3．「個別化」した流通の需給調整とリスク分担

3.1.　生鮮野菜流通における欠品のリスクと余剰のリスク

　生鮮野菜（特に葉菜類や果菜類）は、天候によって収穫量が左右されるため、

計画通りに収穫されない場合がある。このような商品特性から、生鮮野菜流通には欠品のリスクと余剰のリスクが存在する。

　ここで、ある農家と小売企業が直接取引をしていると仮定して、これらのリスクについて説明しよう。たとえば、農家がほうれん草を 10 ケース分収穫する予定で、小売企業が 10 ケース発注していたが、天候の影響で 6 ケース分しか収穫できなかった場合は、4 ケース分の欠品となってしまう。この場合、小売企業は 4 ケース分を販売して得られるはずだった利益が得られなくなる。あるいは、不足分の野菜を卸売市場から調達しようとすると、不作時は市場相場が高いことが多いため、仕入価格が予定よりも高くなる可能性が高い。これが欠品のリスクである。

　逆に、農家は 10 ケース分収穫する予定であったが、天候の影響でほうれん草の生育が早まり、規格外になる前に収穫するため、12 ケース分を収穫せざるを得なかった場合、2 ケース分は余剰となる。この場合、農家は 2 ケース分を販売できないか、価格を下げて販売することになり、その 2 ケース分を通常通りに販売すれば得られたはずの利益が得られなくなってしまう。スーパーマーケットがこの 2 ケースを農家から仕入れたとしても、販売計画や需要予測よりも多く仕入れることになるため、売れ残る可能性があり、販売できなければ損失に直結する。これが余剰のリスクである。

　これらのリスクは、品質劣化が早いという生鮮野菜の商品特性からも高くなる。つまり、生鮮野菜は商品を長い期間にわたって在庫としておくことができないために在庫調整が難しく、欠品や余剰のリスクが発生しやすいのである。

3.2.「個別化」した流通の難点

　生鮮野菜の流通において、スーパーマーケットと産地の生産者組織が間に他の主体を介在させずに直接取引をすることは難しい。その理由は、数量調整と等階級調整にある。生産者組織とスーパーマーケットが直接取引をする場合、スーパーマーケットは特定の等階級の野菜のみ[6]を仕入れることを要望するが、産地側がこれに対応すると、販売が困難な等階級の野菜が残り（坂爪 1999）、それを販売しようとすると価格形成の面で不利になる（斎藤 1999）。取

引数量はスーパーマーケット側の論理で決定されるため、産地側では欠品や余剰の対応に迫られる（坂爪 1999）。さらに、生鮮野菜は長い期間在庫としておくことはできないため、一部の野菜を余せば、野菜を在庫しておき、必要に応じて出荷する体制を取ることは難しい。したがって、産地の生産者組織とスーパーマーケットが直結することは難しい。この問題を解決するために、産地の生産者組織とスーパーマーケットの間には卸売市場（卸売業者と仲卸業者）や専門流通業者などが入り、それらの企業が需給調整を行っている。

　「個別化」した流通においては、スーパーマーケットは生産者と直接取引をせずに、両者の間には必ず他の主体が介在している（図2-1）。スーパーマーケットに対する聞取り調査によると、その理由は、①取引数削減、②数量調整、③等階級調整、④産地開発、⑤産地管理の５つに集約される。スーパーマーケットは、全国各地の複数の産地の生産者組織や生産者と直接取引を行うと、取引数が膨大になるため、仲卸業者や専門流通業者から仕入れることによって、直接的な取引数を削減している（①）。取引においては、スーパーマーケットは、必要な数量の野菜を仕入れたり（②）、必要な等階級の野菜のみを仕入れるために（③）、その調整を中間の流通業者等に委託する。また、契約栽培の場合は、新たな取引先を探す産地開発（④）や取引を開始した産地の生産者組織で栽培基準が守られているかどうかなどの管理を行う（⑤）必要がある。これらの業務をスーパーマーケットが直接行うと、業務の量が膨大になり、また効率が悪いために、青果物専門流通業者などにこれらの役割が委託されているのである。これらの中でも数量調整と等階級調整、つまり需給調整がとりわけ重要である。

　次に、「個別化」した流通システムの難点を明らかにするために、その特徴を整理する。まず、生産者の情報を公開する準備が必要であるために、「顔が見える」野菜を出荷する生産者は限定される。また、流通過程において生産者別に野菜を扱うため、異なる生産者の野菜を混ぜてロットを形成することができず、野菜の不足時に他の生産者の野菜で代替して出荷することができない。しかし、野菜の収穫量は天候等に左右されるため、必ずしも予定通りに収穫できるわけではない。一方、スーパーマーケットは販売計画に基づいた発注数量

どおりに納品されることを望み、欠品を好まない。以上を踏まえると、「個別化」した流通はとりわけ需給調整が難しい形態であるといえる。しかしながら現実に「顔が見える」野菜の流通は成立している。

　次節では「顔が見える」野菜の流通の需給調整の仕組みをリスク分担の観点から検討する。なお、専門流通業者方式では仕入れ先の産地の生産者組織が複数であるが、インショップ方式では取引する産地の生産者組織が1つに限られることに加えて、生産者とスーパーマーケットの間に入る主体の数や性質が異なるため、両方式では需給調整の仕組みが異なると考えられる。そのため、両方式からそれぞれ事例を取り上げて議論を進める。

3.3.　専門流通業者方式の需給調整とリスク分担

　本節では、専門流通業者方式の成立メカニズムについて、需給調整とリスク分担の観点から検討する。

3.3.1.　Bスーパーの事例

　Bスーパーは、関東地方に約130店舗を展開するスーパーマーケットである。Bスーパーは、「顔が見える」野菜として、「生産者限定」トマトを販売している。「生産者限定」トマトは、Bスーパーのトマトの販売額の約20％であり、野菜全体の1.2％である。「生産者限定」トマト（以下、「顔が見える」野菜）は、時期によって別のブランド名で販売されるが、生産者は限定されている[7]。

　Bスーパーは、「顔が見える」野菜を青果物専門流通業者のG社から仕入れている。G社は、全国の複数の産地で生産者と共に設立した生産者組織[8]から野菜を仕入れている。

　BスーパーとG社の受発注の手順を整理すると、まず、各生産者組織とG社との間で、収穫時期の前に次シーズンの大まかな取引量を決定する。それを元にG社は自社の販売計画を立てる。出荷シーズンに入ると、BスーパーとG社との間で実売の10日前に最終的な数量と価格を決定し、産地での野菜の生育状況を考慮して2日前に最終的な数量の調整を行う。以下、G社の仕入先の1つであるH出荷組合を事例に需給調整について検討する。

　H 出荷組合は、熊本県八代市に位置する農事組合法人であり、G 社を通じて B スーパーに「顔が見える」トマトを供給している。組合員数は 13 名であり、年間出荷量は約 600 万トン、年商は約 4 億円（2019 年度）である。出荷先別の販売額比率は、G 社が 65％を占め、残りの 35％は九州・四国・近畿地方の卸売市場、問屋、地方スーパーなどに出荷されている。

　H 出荷組合は、定植前に G 社との大まかな取引量を決定し、残りの量を G 社以外の出荷先に割り振る形で出荷量を決定する。B スーパーへ出荷する商品の場合、H 出荷組合と G 社との間で、まず月初の 2 週間前に翌 1 カ月分の取引数量と価格が決定され、その後、トマトの生育状況を確認しながら最終的な数量調整が行われる。

　H 出荷組合の収穫量の方が B スーパーの発注数量よりも多く、余剰が発生する場合、まず H 出荷組合が G 社に連絡し、G 社から B スーパーに対して納品価格を下げて、特売を行うなどして販売量を増やしてもらうように依頼する。B スーパーは卸売市場からの仕入れ量を減らすなどして G 社からの仕入れ量を可能な限り増やす。それでもトマトが余る場合、G 社は B スーパー以外の出荷先に出荷量の増加を打診し、H 出荷組合では卸売市場に出荷する量を増やす。G 社は自社が持つ他の出荷先に連絡し、可能な限りの量を出荷する。

　逆に H 出荷組合の収穫量の方が B スーパーの発注数量よりも少なく、トマトが不足する場合、H 出荷組合は、組合員の知り合いの農家や卸売市場からトマトの買い付けを開始する。このように買い付けたトマトは生産者や生産履歴が分からないため、G 社以外の取引先へ出荷し[9]、G 社に対しては生産履歴が確認できる組合員のトマトを優先して出荷する。G 社は出荷可能な数量を自社の各出荷先に割り振り、各社へ連絡して数量を調整する。このような対応は、基本的に B スーパーに優先的に出荷するように行われている[10]。しかし、それでもトマトが不足する場合は、G 社は B スーパーにその旨を連絡し、たとえば、1 店舗あたり 10 パック納品予定のところ、7 パックずつに変更するなどの対応を依頼し、出荷可能な数量だけを出荷する。さらに G 社は、不足分のトマトを卸売市場から購入して通常品として B スーパーに出荷する。B スーパーは、欠品に関してはペナルティなしで認めており、納品される数量を各店

34

舗に分配し、不足分に対しては卸売市場からの仕入れ量を増やすなどして対応
している。
　一方、H出荷組合の生産者は全量出荷が義務付けられており、収穫したすべ
ての量をH出荷組合に出荷する。

3.3.2.　専門流通業者方式のリスク分担

　本書で取り上げた事例において、需給調整の中心的な役割を果たす主体は専
門流通業者である[11]。Bスーパーの取り組みの場合、H出荷組合と専門流通
業者のG社は、Bスーパーへの出荷を優先して、それ以外の出荷先への出荷
量を調整することでリスクを分散し、Bスーパーへの安定供給を実現している。
　野菜の余剰が発生した場合、H出荷組合やG社は、Bスーパー以外の取引
先にも出荷量を増やすが、その場合は商品を値下げして販売する余剰のリスク
を負い、他方でBスーパーは余剰品を可能な限り引き受けることによって余
剰のリスクを負う。逆に、野菜の不足が発生した場合は、H出荷組合やG社
は地方のスーパーマーケットなどの他の取引先への出荷量を減らすため、欠品
のリスクはそれらの取引先へ分散されている。さらに、Bスーパーは欠品のペ
ナルティを科さないため、販売機会ロスの可能性がある点で欠品のリスクを負
う。このように産地の出荷組合、専門流通業者、スーパーマーケットの各主体
が多段階でリスクを分担している。他方、生産者のリスクについては、生産者
からは全量買い取り方式であるため、欠品や余剰のリスクを負っていない。
　他方で、欠品や余剰のリスクをあらかじめ減らす取り組みもなされている。
たとえば、トマトは様々なサイズのものが収穫されるが、スーパーマーケット
が仕入れるトマトをMサイズのみなど特定の階級に限定すると、出荷組合か
ら出荷できる量が減り、需給調整が難しくなる。そのためBスーパーは、1
パック350gで、SとM、MとL、Lと2Lの組み合わせの場合は、2つの階級
のトマトを混ぜることを可能とする規格を作っている。これによって、生産者
は様々なサイズのトマトを出荷することが可能になり、出荷可能なトマトの量
が増える。
　さらに、欠品を防ぐために、B社はG社と連絡を取りながら、出荷組合に

おける生産状況を確認している。加えて G 社は、畑の状況を確認して翌月の出荷見込みを考慮したうえで販売計画を立て、納品の 10 日前にさらに畑の状況を確認して最終的な取引数量を決め、2 日前に最終調整をしている。

3.4.　インショップ方式の需給調整とリスク分担

　次に、インショップ方式の成立メカニズムについて、需給調整とリスク分担の観点から検討する。

3.4.1.　E スーパーの事例

　E スーパーは関東地方に約 40 店舗を展開しているスーパーマーケットであり、I 農協とインショップ事業[12] に取り組んでいる。受発注のスケジュールは表 2-2 の通りである。まず日曜日にインショップ事業に登録している農家が翌週の曜日ごとの出荷可能な品目と数量を記した「申込書」を I 農協に提示する。I 農協は各農家から提出された「申込書」を集計し、I 農協として出荷可能な品目の数量と価格を記した「提案書」を E スーパーに提出する。E スーパーの各店舗は「提案書」を元に木曜日までに翌 1 週間分の発注を行う。金曜日に I 農協は E スーパーからの発注数量を各農家に割り振り、「発注書」に曜日ごとの出荷品目と数量を記載して各農家に伝える。農家はその発注数量に基

表 2-2　インショップ方式の受発注スケジュール

曜日	内容
日曜日	農協に出荷可能な品目と数量を記した「申込書」の提出（農家）
月曜日	出荷可能な品目の数量と価格を記した「提案書」をスーパーに提示（農協）
火曜日	
水曜日	
木曜日	農協への発注締め切り（スーパー）、受注情報の集計（農協）
金曜日	受注数量の農家への配分（農協）
土曜日	
日曜日	
月曜日	出荷開始（農家、農協）

注：（　）内は作業主体
資料：聞取り調査により作成。

づいて、野菜を個別包装し、産地名と自分の名前の入ったラベルを添付して、決められた時間までに集荷場に出荷する。したがって、農家にとっては出荷品目と数量が出荷の前週に決定される。

　Ｉ農協での収穫量とＥスーパーの発注数量は一致しないことが多い。Ｅスーパーの発注数量の方がＩ農協の収穫量よりも多く、野菜が不足する場合、Ｉ農協が生産者に卸売市場出荷分を減らしてインショップに出荷するように要請し、それでも不足する場合は、Ｉ農協がＥスーパーの各店舗に電話して数量を減らしてもらうように依頼する。逆に、Ｅスーパーの発注数量の方が少なくＩ農協で野菜が余る場合、Ｉ農協がＥスーパーの各店舗や本部に電話をして可能な限り仕入れてもらうように依頼する。Ｅスーパーは、余剰品をインショップを導入していない店舗でスポット的に販売することで仕入れ量を増やすことによって対応している。それでも野菜が余る場合は、余剰分を各農家が卸売市場や直売所で販売することによって数量を調整する。このようにして、インショップ事業に参加する全ての生産者が卸売市場出荷を併用し、卸売市場への出荷量を調整することによってＥスーパーへの安定供給が目指されている。

　ここで重要なことは、Ｅスーパーとｌ農協の契約内容である。欠品による利益補償などのペナルティはＩ農協に求められておらず、Ｉ農協で野菜が不足する場合はＥスーパーに事前に連絡すれば認められることになっている。

3.4.2. Ｆスーパーの事例

　Ｆスーパーは全国に 300 店舗以上を展開しているスーパーマーケットであり、Ｊ農協とインショップ事業に取り組んでいる。この事業の受発注の仕組みは、Ｅスーパーの取り組みとほぼ同様であるが、農家が 2 週間分の出荷予定をＪ農協に提出する点が異なる。

　Ｊ農協での収穫量よりもＦスーパーの発注数量の方が多く、野菜が不足する場合、Ｊ農協が各店舗にその旨を報告する。ＦスーパーとＪ農協との取り決めで、遅くても納品前日までに野菜が不足する旨を報告すれば欠品が認められ、Ｊ農協には欠品のペナルティなどは科されていない。Ｊ農協で収穫量が不足する場合、店舗では卸売市場からの仕入れ量を増やすなどして対応している。逆

に、Ｆスーパーの発注数量の方が少なくＪ農協で野菜が余る場合は、Ｊ農協が納入価格を下げて発注数量を増やしてもらうように店舗と交渉する。

　また、基本的に 10 パック前後の数量の上下の納品は認められているため、農家は必ずしも発注数量どおりではなく、それに近い数量を出荷することができる。つまり、許容範囲内であれば発注数量より商品が多い場合も少ない場合も農家は独自の判断で量を調整して店舗別のコンテナに入れて出荷することができる。しかし、余剰分が許容範囲を超える場合は、農家の意思で畑に捨てたりＦスーパーに無料で提供することもある。この理由は、野菜の形が不揃いで量が少ないため、卸売市場に出荷しても高値で売ることができないためである。

　他方、Ｆスーパーの店舗の青果担当者は、「Ｊ農協はまず発注数量どおりに来ない」という。しかし、納品される数量の過不足に対しては、「それに店舗が対応して販売していかないと、産地が育たない」と考えて取り組み、Ｆスーパーは数量に対しては柔軟に対応している。

3.4.3.　インショップ方式のリスク分担

　以上の事例から分かるように、インショップ方式の場合、農協が生産者とスーパーマーケットの間の需給調整の役割を担う。しかし、農協は欠品や余剰のリスクは負っていない。

　スーパーマーケットの発注数量より生産者の収穫量の方が多い場合は、Ｉ農協では、最終的には生産者が卸売市場への出荷で調整しており、Ｊ農協では、野菜を生産者の判断で畑に捨てたり、無料でスーパーマーケットに提供したりしている。すなわち、生産者は余剰のリスクを負っている。他方で、スーパーマーケットが産地側での余剰分を発注数量よりも多く仕入れることは、売れ残る可能性がある商品を仕入れることを意味し、在庫処分ロスが発生する可能性が増えるため、スーパーマーケットが余剰のリスクを負っている。逆に産地側で野菜が不足する場合、生産者は対応ができないため欠品のリスクは負わないが、スーパーマーケットは販売機会ロスが発生する可能性がある点で欠品のリスクを負っている。すなわち、スーパーマーケットは納品数量に対して柔軟な

対応をすることで欠品のリスクを負っているのである。つまり、インショップ方式の場合、両事例とも最終的なリスクは生産者とスーパーマーケットに二分されていることになる。

3.5. 流通の「個別化」とリスク分担

　以上に検討してきたように、「個別化」した流通の需給調整とリスク分担の特徴は、スーパーマーケットも含めた各段階でリスクを分担していることである。以下、この理由について考察する。

　収穫量が天候に左右される野菜は、調達先を限定するほど安定調達が難しくなる。「個別化」した生鮮野菜流通システムにおいては、生産者情報の開示やPOP・ラベルなどの準備が必要であるため、スーパーマーケットは野菜の調達先が限定されることに加えて、野菜の不足時に卸売市場や他の生産者から臨時に仕入れて対応することができない。そのため、「個別化」した生鮮野菜流通システムは需給調整が難しく、野菜の欠品や余剰から発生するリスクが大きい流通システムである。この大きなリスクが特定の主体に集中すると、この流通は成立しない。そこで、「顔が見える」野菜の流通を実現するためには、生産者も含めた流通システム全体としてリスクを分散して需給調整を行う必要がある。とりわけ注目すべきことは、スーパーマーケットの対応の方法である。スーパーマーケットは、欠品のペナルティを科すことなく、産地における野菜の生産状況に合わせた納品を容認することによって、リスクを負担している。

　スーパーマーケットもリスクを負担する理由は、「顔が見える」野菜の販売に取り組むコンセプトと深く関わっていると考えられる。仮にスーパーマーケットが川上側に欠品のペナルティを科すと、川上側の生産者組織や専門流通業者が欠品を避けるために、他の産地や生産者の野菜を混ぜて出荷してしまう可能性がある。しかし、「顔が見える」野菜は安心や安全を提供することが1つの理念であるため、この取り組みにおいて産地偽装や生産者偽装が発生すると、取り組み自体の信頼だけではなく、スーパーマーケット自体の信頼を失うことになってしまう。そのような事態が起きないように、スーパーマーケット

は欠品や余剰に対して柔軟な体制を取っていると考えられる。

4．青果物流通の歴史における流通の「個別化」

　流通の「個別化」は、高度経済成長期以降の青果物流通の変化の中でどのように位置付けることができるだろうか。リスク分担の観点から、従来の卸売市場流通（大量流通システム）との違いを検討したい。ここでは特に、スーパーマーケットによる青果物調達を中心に整理する。

4.1．高度経済成長期以降の青果物流通

　高度経済成長期以降、スーパーマーケットは流通業界で巨大な存在となり、その結果、川上側に対して大きな影響力を持つようになった。その背景には、チェーンオペレーションによって拡大した巨大なバイイングパワーがある。卸売市場流通では、スーパーマーケットは仲卸業者から野菜を仕入れることが一般的である。スーパーマーケットは他の小売企業と比較して大口の取引先であるため、仲卸業者はスーパーマーケットの要望に応じざるをえない。スーパーマーケットは規格化・標準化された流通システムを円滑に動かす必要があるため、仲卸業者には受注の規格および数量の順守が強く求められた。また、スーパーマーケットから仲卸業者への発注は多くの場合、納品前日になるが[14]、仲卸業者は当日の朝にセリ取引で野菜を仕入れるのではなく、卸売業者と予約相対取引を行うため、見込み発注をせざるをえない。スーパーマーケットに対する欠品を防ぐためには、仲卸業者は見込み発注量は多めにせざるをえないため、売れ残りが発生するリスクは大きい。一方、スーパーマーケットとの取引価格は取引当日の卸売市場相場が決定する前に決めているため、仲卸業者は納入価格より仕入れ価格が高くなり、赤字となる場合もある。すなわち、こうした従来型の卸売市場を通した大量流通システムにおいては仲卸業者にリスクが集中している。これをリスク中央集中型と呼ぼう（図2-3）。

4.2．インショップ方式と専門流通業者方式の位置づけ

　インショップ方式は1960年代以降に一時試みられた産直方式の発展型に位

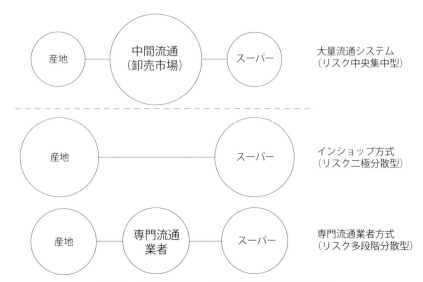

図 2-3　生鮮野菜流通システムにおけるリスク分散

注：○の大きさは、需給調整に関する相対的なリスクの大きさを表す。
資料：筆者作成。

置づけられる。1960 年代以降、スーパーマーケットは、単純に中間マージン
の削減を目指して卸売市場（卸売業者と仲卸業者）を介さずに産地の生産者組織
から野菜を直接仕入れる産直を導入した。スーパーマーケットはこの産直にお
いて、卸売市場から仕入れる方法と同じ感覚で特定の規格の野菜を必要な数量
だけ要求した。そのため産地側では、出荷できる野菜の規格が限定される事に
加えて、数量調整によるリスクを負うことになった。こうした産地側へのリス
クの集中は産地の疲弊を招き、結果として、この方式の産直は失敗に終わった
（森 1984、1992；佐藤 1998）[15]。

　インショップ方式は、スーパーマーケットが産地と直結する点では失敗に終
わった産直と同じであるが、リスク分担の方法は異なる。スーパーマーケット
はインショップ事業については、生産者の顔が見えて安心・安全、産地から直
送で新鮮、という点を強調しているため、野菜の大きさや形などに関しては、
緩やかな規格を認め、規格を重視する卸売市場流通では出荷できない（あるい

は出荷したとしても低価格で取引される）野菜でも販売を認めている。このこと
は畑から出荷可能な野菜が増えることにつながり、欠品のリスクを軽減する。
それに加えて、スーパーマーケットは数量調整に対しても柔軟な姿勢を取るこ
とで、欠品や余剰から生じるリスクを引き受けている。

　一方、生産者側でも許容範囲を超える余剰分は畑で処分したり無料で納品す
るなどの方法によってリスクを負っている。しかし、インショップ事業に参加
している農家は、卸売市場に出荷していたころよりも収入が増えており（表
2-3）、このリスクは大きな負担にはなっていないと考えられる。

　以上のように、インショップ方式においては、リスクは生産者とスーパー
マーケットとで二分されている。しかし、それぞれが分担するリスクを上回る
メリットが両者にあるためインショップ方式は成立している[16]。このように、
需給調整とリスク分担の観点からみると、インショップ方式は新たな段階の産
直であると位置づけることができよう。これをリスク二極分散型と呼ぼう（図
2-3）。

　では、専門流通業者方式はどのように位置づけられるであろうか。Bスー
パーとG社の取り組みは、出荷組合からスーパーマーケットまでの各主体が
リスクを分担することで成立している。このように流通の「個別化」に伴って
全体として増大するリスクを流通システムの特定の段階に集中させずに、多段
階にリスクを分散させているという意味で流通システムの新たな段階に入った
と見ることができよう。これをリスク多段階分散型と呼ぼう（図2-3）。

4.3.「個別化」した流通の新しさ

　卸売市場流通は、多数の小規模な生産者と多数の小売企業を効率的に結びつ
け、生鮮食品の需給を調整するために構築されてきた流通システムであり、卸
売市場は、社会全体での取引総数の削減、品揃え、価格形成、在庫調整、情報
伝達、金融など様々な機能を有している。スーパーマーケットが台頭してきた
時代においても、これらの機能は重視されてきたため、スーパーマーケットで
販売される野菜の多くは卸売市場を経由している。しかし、効率化や合理化を
追求した従来の卸売市場流通に欠けている点は、生産者や農協などの出荷者は

表 2-3　農家の「顔が見える」野菜の流通に参加する前後での変化

農家No		生産品目		収入
		参加前	参加後	
専門流通業者方式	1	すいか、トマト	水菜、人参	増加
	2	長ねぎ	長ねぎ	増加
	3	長ねぎ	長ねぎ	増加
	4	トマト（桃太郎）、米	トマト（のぞみ、ピクシー）ミニトマト、米	増加
	5	トマト（桃太郎）、ミニトマト、メロン	トマト（ピクシー）、メロン	―
	6	トマト（桃太郎）	トマト（ピクシー）	増加
	7	トマト（桃太郎）	トマト（桃太郎、のぞみ、ポロモッソ）	増加
	8	トマト（桃太郎）	トマト（のぞみ）	減少
	9	トマト（桃太郎）、米	トマト（桃太郎、のぞみ、ピクシー）、米	変化なし
インショップ方式	10	すいか、人参、トウモロコシ	すいか、人参、大根、トウモロコシ、さといも、ほうれん草、小松菜、かぶ	―
	11	ほうれん草	ほうれん草、小松菜、ちんげんさい	増加
	12	ほうれん草、レタス	ほうれん草、レタス	増加
	13	米、ほうれん草、大根、トウモロコシ	米、ほうれん草、大根、トウモロコシ	増加
	14	―	トマト、ブロッコリー、かぼちゃ	増加
	15	ほうれん草、米	ほうれん草、米	―
	16	オクラ	オクラ、モロヘイヤ、さといも、下仁田ねぎ、ブロッコリー、ジャガイモ、いんげん	増加
	17	ねぎ	小松菜、水菜、ねぎ、ほうれん草	―
	18	きゅうり、なす	きゅうり、四葉きゅうり	―
	19	ねぎ	小松菜、水菜	増加

注：() 内は品種、―は不明を意味する。
　　　内容は 2003 年時点のものである。
資料：聞き取り調査より作成。

出荷した野菜の行き先が分からないことが多い点や、小売企業は自社が仕入れた野菜の生産者や生産方法が分からない点にある。これらの点は1990年代まで、多くの消費者からは求められてこなかった[17]。このような卸売市場流通において、青果物は、外観（等階級）の統一性や数量の多さが重視されてきた。この理由は、加工品や工業製品とは異なり、大きさや品質が均一ではない特性を持つ青果物を効率的に流通させるためである。つまり、大量流通システムで流通させるためには、取引や値決めの合理化のために、商品を標準化・規格化する必要があり、それが優先されてきた結果、生産者や生産履歴などの情報を流すことは重視されない流通システムが構築されてきた。これとは全く異なり、商品に情報を付加した状態で流通させることを重視する流通が「個別化」した流通である。

　一方、需給調整におけるリスク分担の観点からは、「個別化」した流通の新しさは、流通システム全体として増大するリスクをスーパーマーケットも含めた各段階で分散するという新しい考え方に求めることができる。その点で「個別化」した流通は、リスクが中央に集中する大量システムとは一線を画している（図2-3）。しかし、「個別化」した流通のリスク分散方法においても、生産者は受注量に対して野菜が不足する場合は卸売市場への出荷量を減らし、野菜の余剰時は卸売市場に出荷するなどして、リスクが最終的に卸売市場によって軽減されている場合も存在する。さらに、スーパーマーケットにとっては、卸売市場から安定的に調達できる野菜があるために、「顔が見える」野菜の納品数量の過不足に対して柔軟な姿勢が取れるともいえる。つまり、現状では、「個別化」した流通は卸売市場流通の仕組みがなければ成立しない。すなわち、大量流通システムと「個別化」した流通システムは、補完的な関係にあり、両者は併存関係にあるといえる。

　さらに流通の「個別化」は、流通による新しい価値の生み出し方を示している。大量流通システムでは、いつでもどこでも安定的に商品が手に入ることが求められていた。しかし、新たな流通システムでは、生産者の「顔が見える」、安心という価値が求められている。その結果、流通の「個別化」は流通の方法が商品に価値を与える。たとえば、本書で事例として取り上げたインショップ

方式で流通している「顔が見える」野菜は慣行栽培の野菜であり、卸売市場流通品と同じ野菜であるが、「顔が見える」野菜として販売されることによって、通常の野菜よりも高い価格で販売されている。つまり、「顔が見える」野菜そのものは通常の卸売市場流通品と同じであっても、「個別」に流通させられ、消費者と生産者が結びつくことによって、消費者に安心感を与え、それが商品の価値となっている。

　以上のように、青果物流通の歴史において「個別化」した流通は、リスク分担の方法や価値の生み出し方において新しい生鮮野菜流通システムであるといえる。

5．生産─流通─消費関係の変化

　「顔が見える」野菜の流通を実現するために「個別化」した流通においては、大量流通システムとは異なる生産─流通─消費の新たな関係が形成されている。本節では、流通の「個別化」によって生じた生産─流通─消費の関係について考察する。

　まず、生産者である農家と消費者の関係の変化について検討しよう。生産者が農協に出荷する卸売市場流通の場合、生産者は流通に関わることがなく、自分が出荷した野菜がどのように流通し、どこでどのように販売され、どのような人に消費されるのかという事を知ることがない。同様に、消費者は購入する野菜に関する生産や流通に関する情報を得られない。つまり、卸売市場流通では、生産者と消費者は切り離されている状態である。しかし、「顔が見える」野菜の流通では生産者と消費者の新たな関係が生じている。

　まず、生産者の視点から整理してみよう。「顔が見える」野菜の流通に取り組む生産者（表 2-3）への聞取り調査の結果、以下のことが明らかになった。

　生産者は個々の商品に自分の名前を添付して出荷することによって、自らの商品に責任感を強く感じるようになり、卸売市場出荷以上に品質に気を使うようになってきている。さらに、手紙やファックスなどで消費者からの反応が届いたり、小売店舗で販売促進活動に参加したりすることで、自分の作った野菜が消費されていることを実感し、仕事にやりがいを感じる生産者も存在する。

　また、生産履歴やコメントなどを公開できることから、生産者が自らのこだわりを消費者に対して直接アピールすることが可能となり、より消費者を意識するようになっている。以上のように、「顔が見える」野菜の流通では、生産者の意識の中で消費者の存在が大きくなり、さらにそれが生産者の行動を変化させている。

　他方、消費者は生産者の顔写真や名前、コメントなどを閲覧することが可能になり、自分が消費する野菜の生産者の情報を得ることが可能となった。このように、従来はまったく接点を持たなかった生産者と消費者がつながりを持ち、両者の関係が質的に変化している。

　さらに、生産者と流通の関係も変化してきている。「個別化」した流通では、スーパーマーケットの要望が農協や専門流通業者を通じて生産者に伝えられる。インショップ方式の場合、売り場ではコーナーに特定の商品が大量にあるよりも、多品目品揃えした方がコーナーとしての魅力が増すために、スーパーマーケットは多品目化を望む。農協はスーパーマーケットの要望に応えるために、個々の生産者に多品目化を勧めている。これを反映して、インショップに参加する多くの生産者は、スーパーマーケットの要望に対応するために生産品目を増やしている（表2-3）。さらに多品目化の背景として、発注を多く受ける商品を生産すれば収入が上がるというインセンティブから、生産者が店舗でよく売れる品目を新たに導入し始めていることも指摘できる。

　専門流通業者方式の場合、たとえば、G社に出荷するH出荷組合の生産者は、トマトはのぞみ[18] という品種を生産し、特殊なこだわり商品を生産するようになっている。この背景には、専門流通業者とスーパーマーケットの要望がある。スーパーマーケットや専門流通業者は、他社との差別化を図るために、「顔が見える」こと以外に品質面での価値を求めた。すなわち、専門流通業者とスーパーマーケットの差別化を求める意向が生産者の生産品目や品種を変化させているのである。

　以上のように、生産者は流通と密接に結びつくことによって流通側の要望を取り入れた生産を始め、生産品目や品種を変化させている。これを促進した要因が、農協や専門流通業者とスーパーマーケットがつながりを深めたことであ

る。

　卸売市場流通の場合は、農協は生産者から集荷した野菜を卸売市場に出荷した後は、卸売市場を介した契約栽培などを除けば、農協とスーパーマーケットとはほとんど接点を持たない。しかし、インショップ方式の場合、農協とスーパーマーケットの間で直接取引が行われているため、両者の間では様々な商談が行われる。たとえば、需給調整にあたっては、農協は日々スーパーマーケットと数量や価格の交渉を行っている。また、農協は店舗から特売の協力を求められた場合に価格を下げたり、逆に野菜の余剰が出れば店舗に依頼して仕入れ量を増やしてもらうなど、農協とスーパーマーケットは卸売市場流通の場合よりも密接で相互協力的な関係にある。

　さらに、インショップ方式は、農協が商品の形態[19]や価格を決定し、スーパーマーケットに提案して注文を受ける方式であるため、農協はスーパーマーケットからの商品に関する意見を受け入れながら、産地の野菜を商品化している。卸売市場出荷であれば、出荷量の安定性や規格の統一性などが評価されるため、それを重視した生産・出荷体制となるが、インショップ方式においては、農協は、小売店舗で多く売れる商品、スーパーマーケットに多く仕入れてもらえる商品、消費者に受け入れられる商品という点を重視した商品化をしており、農協が商品化機能を担い始めているといえる。

　同様に、専門流通業者もスーパーマーケットと毎週商談を行い、スーパーマーケットの要望を実現するために産地の生産者組織と協力して新たな品種の導入などに取り組んでいる。さらに、需給調整に関しては、専門流通業者とスーパーマーケットが日々連絡を取り合い、欠品や余剰に対応するなど、インショップ方式と同様に、密接で相互協力的な関係を築いている。

　次に、主体間の取引関係の継続性について検討する。卸売市場流通においては、主体間の取引関係が継続的ではない「スポット型卸売市場流通」や主体間の取引関係が継続的である「継続型卸売市場流通」などの形態があり（佐藤1998）、一時的な取引関係と継続的な取引関係が存在する。「個別化」した流通においては、主体間関係は一時的な取引関係ではなく、生産者からスーパーマーケットまでの間に継続的な関係が構築されている[20]。その理由の1つは、

「個別化」した流通のリスク分担方法に求められる。長期的なリスクを考慮すれば、全国的に豊作で卸売市場相場が低いときに、再生産価格を考慮した価格で余剰分をある程度スーパーマーケットが仕入れるという形で、スーパーマーケットがリスクを負う時期があり、逆に不作で卸売市場相場が高いときに、相場より低い価格で取引を行うなど産地側がリスクを負う時期もある。このように、リスクの負担者が時期ごとに変化するため、長期的な視点から収益を安定させるために継続的に取引を続ける必要がある。

　継続的な取引関係が構築されているもう 1 つの理由は、流通システムを構築するコストである。「顔が見える」野菜の流通を実現するためには、情報公開システムや産地における生産・出荷体制の構築などにコストがかかる。このようなコストを考慮すると、「顔が見える」野菜の仕入先を簡単に切り替えることはできない。したがって、「顔が見える」野菜の流通に関わる主体間の取引関係は継続的にならざるをえないのである。

6.　小括

　本章では、「顔が見える」野菜を実現するために構築された生鮮野菜流通システムを手がかりに、「個別化」した流通の特徴を明らかにしてきた。最後に本章で得られた知見を簡単に整理したうえで、「顔が見える」野菜の流通の含意について議論する。

　「顔が見える」野菜の流通は、JAS 法の改正や食の安心や安全をめぐる諸問題の発生などによってスーパーマーケットが商品の表示を見直す必要が生じたことに加えて、他社との差別化などを求めた結果として導入された。この「顔が見える」野菜の流通を実現するためには、流通を「個別化」する必要があった。

　ところが、「個別化」した流通は野菜の仕入先や生産者を限定せざるをえない流通である一方、「顔が見える」野菜は、品質劣下の早さや収穫の不安定性という野菜の商品特性に加えて、他の生産者の野菜で代替できないなどの性質を持つため、「個別化」した流通は需給調整が難しく、全体としてリスクが大きい流通システムである。需給調整とリスク分担の観点からは、「個別化」し

た流通は流通システム全体として増大するリスクをスーパーマーケットも含めた各段階で分担するという新しい段階にあり、仲卸業者にリスクが集中していた卸売市場流通やスーパーマーケットによる初期の産直の流通システムとは一線を画するものであるといえる。

　生産―流通―消費関係の観点からは、大量システムでは、生産者と消費者は切り離されていたが、「個別化」した流通では、生産者と消費者がつながり、生産にも影響がもたらされた。さらに各主体が関係を深め、相互協力的で継続的な関係が構築されている。

　こうした「顔が見える」野菜の流通は、各スーパーマーケットでの販売比率が数パーセント程度であり、全国的に見てもわずかな量の流通であるが、この現象が流通一般に対して示唆することは大きい。

　流通の「個別化」の本質は、大量システムの限界とそこからの脱却を示した動きであるといえるのではないか。大量に流通させることを優先させるために青果物においては商品の匿名性が認められていた。さらにその流通は、マス・マーケットは全て画一的な欲求を持つという想定に立っていた（田村1998）。このように大量に生産された商品と同じニーズを持つ大衆消費市場を結ぶことを前提とした大量流通システムでは、生産者や消費者のニーズの変化に対応できなくなったため、「個別化」した流通が登場した。

　流通の「個別化」という現象は、大量流通システムとは異なる新たな生鮮野菜流通システムを示している。しかし、前述のように「個別化」した流通の成立は大量流通システムの存在に支えられている。加えて、低価格商品を求めるマーケットも存在する。これらの点を考慮すると、今後の流通は、大量流通システムと「個別化」した生鮮野菜流通システムが並存した構造を持つようになっていくのではないだろうか。

注
1) トレーサビリティとは、「生産、処理・加工・販売のフードチェーンの各段階で、食品とその情報を追跡し遡及できること」である（食品のトレーサビリティ導入ガイドライン策定委員会2003）。
2)「顔が見える果物。」「顔が見えるお肉。」「顔が見えるお魚。」「顔がみえるたまご。」「顔が見え

るお米。」「顔が見える加工品。」などが展開されている。

3）2020 年 3 月時点では、6 社中 1 社が「顔が見える」野菜としての販売をやめている。

4）正式名称は「農林物資の規格化及び品質表示の適正化に関する法律」である。

5）これは 2000 年の大手食品メーカーの食中毒事件が大きなきっかけであった。その後、食品への異物混入事件が浮上し、社会的な問題となった。さらに、2001 年には日本国内で BSE（牛海綿状脳症）が発見され、トレーサビリティ・システムの確立が急がれたが、2002 年には、牛肉産地偽装事件や農畜産物の産地偽装など、食肉・加工食品の偽装事件が問題となった。また、青果物業界においても残留農薬や無登録農薬が問題となり、食の安全をめぐる関心は青果物にまで広がった。

6）たとえば、秀品（A 品）の M サイズのみ、など。

7）2003 年の調査時点では、G 社のホームページで生産者を紹介し、トマトのパッケージに生産者の顔写真や名前などを記載したカードを入れて販売していたが、2020 年 8 月時点ではそのカードは入れられていない。

8）詳細は本書第 7 章を参照。

9）このトマトは、「顔が見える」野菜としては販売されず、通常のトマトとして販売される。

10）この理由は、4〜6 月に収穫量が増えて関東で相場が安くなる熊本県産のトマトを、B スーパーに大量に仕入れてもらえることにある。

11）2003 年に調査を実施した他のスーパーマーケットの専門流通業者方式における需給調整方法も同様であったが、2020 年時点では、そのスーパーマーケットは「顔が見える」野菜の取り扱いをやめている。

12）1 農協のインショップ事業は、現在はスーパーマーケットの店舗において 1 農協単独のコーナーではなく、他の産地や地場野菜と合同の売り場で展開されている。

13）このことは、後述するようなスーパーマーケットと産地が直結して産地側にリスクが集中して失敗に終わった 1960 年代に試みられた産直から明らかである。

14）複数のスーパーマーケットと取引がある仲卸業者への聞取り調査によると、スーパーマーケットごとに発注時間は異なるが、店舗到着時間の 12〜36 時間前に受注数量が確定する。

15）これを教訓につくられた産直が、卸売市場を通した産直である。これは、産地側の組織とスーパーマーケットが直接商談を行うが、卸売市場を通すことで、スーパーマーケットが必要としない規格の商品や余剰分を卸売市場が他に販売することで成立している。つまり、卸売市場がリスクを負担している。これは、リスク分担の観点からは、通常の卸売市場流通と同じに位置づけられる。

16）聞取り調査によると、生産者がインショップ方式に参加するメリットには、取引価格の安定性や出荷経費の削減などの経営的なメリットと、スーパーマーケットや消費者とつながりを持つことによる精神的なメリットが存在する。

17）従来は、このようなことを求めた一部の消費者が、生協の宅配や有機農産物宅配業者の産直などを利用してきた。

18）トマトは桃太郎という品種が一般的であり、聞取り調査によると、のぞみという品種は生産が難しいためあまり生産されていない。2020 年時点では、他の品種に変更している。

19）1 商品あたりの重量や大きさ、数量など。

20）2020 年 9 月時点においても、いずれの取引も継続されている。ただし、注 11 で言及した 1 社
　　は、取引関係は継続しているものの「顔が見える」野菜としての販売を中止している。

第3章　外食チェーンによる契約栽培・
　　　農業参入の成立メカニズム

1．はじめに

　1990 年代後半以降、小売業界の市場規模のみならず外食産業の市場規模も縮小し始めた（第1章）。今後、人口が減少し、市場規模が縮小する日本では、大量流通システムとは異なる論理で流通システムの再構築が進むと考えられる。ここで問題となるのが、新たに構築された流通システムが成立するメカニズムである。つまり、大量流通システムは一定の合理性を持って存在し、成立しているが、新たな流通システムはそれとは異なるメカニズムで成立していると考えられる。この成立メカニズムを明らかにすることは、今後の日本における食の生産と流通を理解するうえで重要である。

　外食チェーンは、1970 年代以降、大量流通システムを基調とするチェーンオペレーションに基づいて発展してきた業態である。しかし、1990 年代後半に外食産業の市場規模が飽和し、その対応策として、契約栽培や農業参入によって生産に関与する外食チェーンが増加した（小田 2004）。すなわち、外食チェーンは、契約栽培や農業参入によって新たな生鮮野菜流通システムを構築していると考えられる。以上を踏まえて、本章では、外食チェーンによる契約栽培・農業参入によって構築された生鮮野菜流通システムの特徴と、その成立メカニズムを明らかにすることを目的とする [1]。

　生鮮野菜流通システムの成立メカニズムを明らかにするためには、流通における機能とリスクの観点から分析することが有効であると考えられる。なぜなら、外食チェーンによる契約栽培や農業参入において、卸売市場や専門流通業者などの中間流通業者を介さずに外食チェーンと産地の生産者組織（農協、出荷組合、農業法人など）や生産者とが直接取引をする場合、卸売市場や専門流通業者などが担っていた機能やリスクを別の主体が担わなければその流通が成立

表 3-1　研究対象企業における契約栽培の概要

企業名	A 社	B 社	C 社	D 社
業態	ファストフード（ハンバーガー）	ファストフード（ハンバーガー）	ファミリーレストラン（イタリアン）	専門店（うどん）
契約栽培開始年	1997 年	2004 年	1998 年	2003 年
契約栽培品目	トマト、レタス、キャベツ、ピーマン、玉ねぎ	レタス	レタス、キャベツ、ルッコラ、イタリアンパセリ、きゅうり、トマト、小松菜、パプリカ、黄色人参など	ねぎ
契約栽培を開始した理由	玉ねぎの辛さの改善、有機・特別栽培野菜の使用	コールドチェーンの確立	美味しいものを安く提供、コールドチェーンの確立、自社独自の品種や規格の利用	品質、数量、価格の安定調達

資料：聞取り調査により作成。

しえないと考えられるためである。この機能とリスクの分担方法を明らか
にすることによって、外食チェーンの契約栽培・農業参入による生鮮野菜流通
システムの成立メカニズムの解明を進めることができよう。

　分析にあたっては、外食チェーンの業態特性から生じる生鮮野菜調達方法の
特徴を整理し、それを踏まえて契約栽培・農業参入の際に発生する問題を検討
する。そこで明らかとなった問題の解決方法を、生産と流通にかかわる各主体
の対応から具体的に検討する。

　本研究では、まず、外食企業による契約栽培や農業参入の実施状況の全国的
な傾向を把握するために、全国の外食企業にアンケート調査を実施し[3]、132
社から有効回答を得た。さらに、アンケート調査では得られない詳細な情報を
得るために、契約栽培・農業参入を実施している外食チェーン（4 社）（表 3-1）
とその契約栽培先の生産者組織に対して聞取り調査を実施した。なお、聞取り
調査は 2006 年 6～10 月に実施し、最新のデータを得るために、A 社と C 社に
対して 2020 年 3 月に追加調査を実施した。

2．外食チェーンによる契約栽培・農業参入と生鮮野菜調達の特徴

2.1．契約栽培・農業参入の要因

　具体的な分析に先立ち、アンケート調査の結果から、外食チェーンによる契約栽培と農業参入の導入状況を確認しよう。アンケート回答企業の中で契約栽培を実施している企業は18.9％（25社）であり、店舗数が多い大規模チェーンの方が契約栽培を導入している割合が高い（図3-1）。また、アンケート回答企業の中で、契約栽培を実施している企業は、1997年は4社であったが、その後の7年間で20社 4) が導入している（図3-2）。他方、農業参入を実施している企業は約3％（4社）と少ない。

　契約栽培を実施している外食チェーンに対する聞取り調査（表3-1）と、アンケート調査の結果（表3-2）から、外食チェーンが契約栽培・農業参入に取り組み始めた要因を整理すると、以下の4つに集約できる。

　1つ目は、有機・特別栽培野菜などの高付加価値食材の調達のためである。前述のアンケート調査によると、34％（43社）の外食企業が野菜を差別化食材

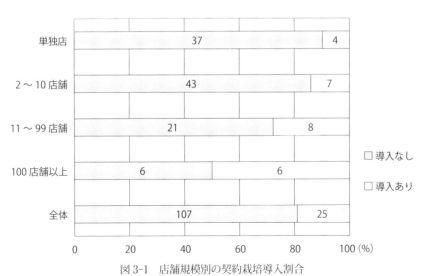

図 3-1　店舗規模別の契約栽培導入割合

注：図中の数字は実数。
資料：アンケート調査により作成。

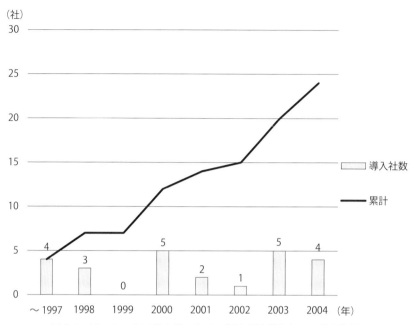

図 3-2　アンケート回答企業における契約栽培導入年と累計企業数

注：複数回答可
資料：アンケート調査により作成。

表 3-2　契約栽培導入の理由

理由	社	%
安全な食材を仕入れる	18	72.0
価格が安定する	15	60.0
品質が安定する	15	60.0
生産者の顔が見える	14	56.0
自社が求める品種・規格や生産方法で生産してもらう	9	36.0
数量が安定する	8	32.0
その他	3	12.0

n=25

注：複数回答可
資料：アンケート調査より作成。

として位置づけている。従来の研究で指摘されたように、外食チェーンは、バブル崩壊以降の外食市場の低迷に伴う差別化戦略の手段として、有機・特別栽培野菜を利用するために契約栽培を導入し始めた（小田 2004）。

　2つ目は、自社独自の品種や規格での野菜生産のためである。たとえば C 社は、自社独自の品種や規格の野菜を使用することによって加工コストを低下[5]させたり、日本では大量に生産されていない野菜を調達するために契約栽培に取り組み、さらに農業に参入している。

　3つ目は、調達する野菜の品質と価格の安定のためである。卸売市場から野菜を仕入れる場合、同じ産地から仕入れ続けることは難しいため、品質や価格が安定しない（木立 2004b）。そのため、外食チェーンは、全店舗で同じ品質の料理を同じ価格で提供するために、調達する生鮮野菜の数量と価格の安定を求め、産地の生産者組織と事前に取引価格や数量を決める契約栽培を導入した。

　4つ目は、使用する生鮮野菜の品質向上のためである。卸売市場から野菜を仕入れる場合、外食チェーンが収穫から店舗までの流通過程を全て管理することは困難である。外食チェーンは、野菜の鮮度を維持すために適切な温度帯で輸送するコールドチェーンを確立したり、収穫から店舗に届くまでの時間（リードタイム）を短縮することによって、仕入れる野菜の品質向上を目指した。これらを実現するためには、外食チェーンは自社が求める流通に対応可能な産地の生産者組織[6]と契約栽培を実施し、継続的に取引をする必要がある。

　以上の4つの要因は、裏返せば、従来の卸売市場流通では実現が難しいことである。すなわち、従来の卸売市場流通では、高付加価値食材の調達が難しい、品質や価格が不安定である、コールドチェーンが確立されていない、リードタイムが長いなどの問題があり、外食チェーンは、これらの問題を解決するために、契約栽培や農業参入を実施し始めたといえる。言い換えれば、既存の流通システムの問題点や限界を解決することが契約栽培・農業参入を導入する要因であった。

2.2.　外食チェーンの業態特性と野菜調達

　ここでは、具体的な分析視点を提示するために、外食チェーンの野菜調達に

おいて、契約栽培や農業参入を実施する際に生じる問題を整理する。

　外食チェーンは、一般的に全店舗共通メニューを事前に作成し、それをメニューボードで消費者に提示する[7]。消費者に商品（料理）を提供する際は、メニューボードに提示した商品の外観や量を再現する必要があり、さらにメニュー改定時以外の価格の変更は容易ではない。また、チェーンオペレーションという特性上、外食チェーンは提供する料理の品質を一定に保つ必要がある。この一定には、どこの店舗でも一定品質という意味と、いつでも一定品質という意味の2つの意味が含まれる。さらに、メニューの欠品は顧客ロイヤリティを下げてしまうため、避けなければならない[8]。以上の理由から、外食チェーンは、商品の外観を再現したり加工効率を向上させたりするために野菜の仕入れ規格を限定したり、商品の価格変更が容易ではないために食材となる野菜を安定した価格で仕入れたり、メニューの欠品をなくすために発注数量通りに納品されることを求める。

　他方で、野菜の生産には不安定性がある。畑ではさまざまな形や大きさの野菜が収穫され、その収穫量は天候や病害虫などに左右される。さらに野菜の卸売市場相場は日々変動する。

　このように、外食チェーンが生鮮野菜の調達に求める条件と野菜の生産が本質的に持つ性質の間には隔たりがある。そのため、外食チェーンが安定性・均一性を実現しながら、不安定・不均一な生鮮野菜を使用するためには、この隔たりを埋める必要がある。

　たとえば、外食チェーンが必要とする野菜の規格と産地で収穫される野菜の規格は完全には一致しない。これを本書では「規格の不一致」と呼ぶ。さらに、外食チェーンが必要とする野菜の数量と産地で収穫される数量も必ずしも一致しない。すなわち、外食チェーンの発注数量より産地での収穫量が多い場合があり、逆の場合もある。これらの隔たりは、生産者にとっては生産したものを全て販売できない可能性があるという点でリスクとなり、外食チェーンにとっては計画通りに仕入れられずにメニューを欠品する可能性があるという点でリスクとなる。そのため、これらの不一致とリスクへの対応方法が生鮮野菜流通システムを成立させる重要な要素となる。

　卸売市場流通では、卸売市場がこれらの隔たりを埋める機能を担っているが、産地の生産者組織と外食チェーンが直接取引を行う契約栽培や農業参入の場合、これらの機能やリスクはどのように分担されているのだろうか。次節では、規格の不一致と欠品や余剰への対応に着目しながら、契約栽培と農業参入の成立メカニズムを検討する。

３．契約栽培・農業参入の成立メカニズム

　本書では、具体的な分析の事例として、契約栽培や農業参入を実施している外食チェーン（表3-1）の中から、ハンバーガー専門店をチェーン展開するＡ社とファミリーレストランを展開するＣ社を取り上げる。

3.1. ハンバーガー専門店のＡ社の事例

3.1.1. Ａ社の特徴と生鮮野菜調達の概要

　Ａ社は、全国に1,275店舗[9]のハンバーガー専門店等を展開する外食チェーンである。Ａ社は、ハンバーガーやサラダに使用する生鮮野菜の産地と生産者名を店舗の黒板に表示し、同社のウェブサイトでも生産者を紹介するなど、いわゆる生産者の「顔が見える」野菜を使用している。さらに同社は、栽培基準が特別栽培農産物以上の野菜を使用するなど、こだわりの野菜を使用している。

　このような野菜を仕入れるために、Ａ社は1997年1月から契約栽培に取り組み始めた[10]。Ａ社の生鮮野菜調達ルートは、青果物専門流通業者を介す契約栽培と、産地の生産者組織と直接取引を行う契約栽培（産直型）とに大別される。ここでは、外食チェーンと産地が直結するシステムを分析するために、産直型に焦点を当てる。

3.1.2. 野菜くらぶの概要

　本書では、Ａ社の契約栽培先の生産者組織の事例として、農業法人の「野菜くらぶ」を取り上げる。野菜くらぶは群馬県昭和村に本社を置き、所属する

生産者は 80 名（農業生産法人 23 法人を含む）である。同社の売上高は約 23 億
円（2019 年度）であり、出荷先は約 130 社である。同社の販売額の内訳は、生
協や農産物宅配企業が多く、上位 5 社で売上高の約 58.7％である。A 社関連の
売上高は約 13.4％[11] である。その他の出荷先は、生協（店舗）や小規模スー
パーなどの小売業者、加工業者業者、卸売業者、仲卸業者などである。野菜く
らぶは、A 社が 1997 年に初めて契約栽培に取り組んだ生産者組織であり、A
社による契約栽培の仕組みを形作った生産者組織でもあるため、本研究の事例
にふさわしいと考えられる。

　以下、A 社と野菜くらぶとの取引を事例に、ファストフード業態の外食
チェーンの契約栽培について、その生鮮野菜流通システムの特徴と成立メカニ
ズムを検討する。

3.1.3. 規格の不一致への対応

　A 社が使用する主な野菜は、レタス、サニーレタス、トマト、キャベツ、
ピーマン、玉ねぎであり、野菜くらぶは、玉ねぎ以外の 5 品目を A 社に出荷
している。

　A 社が使用する野菜と野菜くらぶで収穫される野菜の間には規格の不一致
が発生している。たとえば、ハンバーガーに使用するトマトは、その大きさを
ハンバーガーに使用する円形状のパン（バンズ）に合わせる必要があるため、
A 社は仕入れるトマトのサイズを L サイズ（1 箱 18〜20 玉入り／4kg）に限定し
ている。他方で、畑ではさまざまな大きさのトマトが収穫され、L サイズのト
マトだけが収穫されるわけではない。野菜くらぶの場合、L サイズのトマトは
出荷量の約 20％程度であるため、A 社に出荷できない規格のトマトを出荷で
きる業態の企業とも取引をしている。野菜くらぶは、たとえば、スーパーマー
ケットや生協からは M サイズのトマトが求められており、一方、栽培方法を
重視している宅配企業に対しては S サイズのトマトも出荷できる。すなわち、
トマトは業態によって出荷可能な規格が異なるため、野菜くらぶは、農産物宅
配企業や生協、スーパーマーケット、加工業者など複数の業態の企業と取引を
することによって、A 社には L サイズのトマトだけを出荷することを可能に

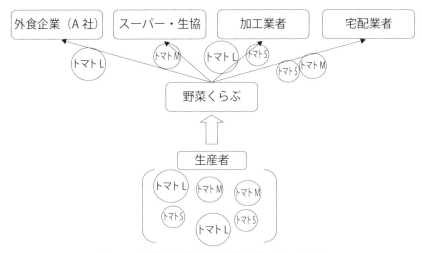

図3-3　野菜くらぶによる規格の不一致への対応

資料：聞取り調査より作成。

し、規格の不一致を解決する役割を果たしている（図3-3）。

　一方、カットして使用する葉物野菜は、トマトに比べると規格の不一致は小さい。たとえば、A社に納品されるレタスは、A社が指定するコンテナ1箱に14～18玉入り [12] で8～10kgという基準を満たせばよいため、生産者はある程度さまざまな大きさのレタスを出荷することが可能である。

3.1.4.　欠品と余剰への対応

　次に、A社と野菜くらぶとの間で発生する野菜の欠品と余剰への各主体の対応について検討しよう。

　野菜くらぶは、所属する生産者から提出された作付け計画を元にA社と取引数量の交渉を行い、出荷が始まる前におおよその取引数量を決定する。受発注に関しては、A社が毎週金曜日に翌週1週間分の発注を行い、その受注数量を野菜くらぶが各生産者に割り振る方法であるため、生産者にとっては、前週に翌週の日々の出荷数量が決定される。しかし、野菜は必ずしも計画通りに収穫されないため、欠品や余剰が発生する。

　A 社の発注数量の方が野菜くらぶでの収穫量よりも少なく、野菜の余剰が発生する場合、A 社では店舗で必要な数量より野菜を多く仕入れるなどの対応はできない [13]。この時、野菜くらぶは、A 社に仕入数量の増加を依頼せず [14] 他の出荷先に仕入数量を増やしてもらうように依頼するか、従来から取引の要望があった新規の取引先にスポット的に出荷する。それでも野菜が余る場合、野菜くらぶは卸売市場に出荷するが、卸売市場相場と手数料などの経費を勘案して採算が合わなければ野菜くらぶとしては出荷しない。また、生産者が独自に余剰となった野菜を卸売市場に出荷することも可能であるが、余剰品を卸売市場に出荷するか廃棄するかの選択は生産者に任されている。以上から、余剰のリスクは生産者が負っているといえる。

　逆に、野菜くらぶでの収穫量が A 社の発注数量に満たずに野菜が不足する場合もある。野菜くらぶでは、生産者の収穫量が自らの予定数量に満たない場合は、各生産者が野菜くらぶに所属する他のメンバーから野菜を譲り受けて出荷する [15]。それでも野菜が不足する場合は、野菜くらぶが A 社に欠品の旨を連絡する。野菜くらぶは、生産履歴が明確な野菜を販売するために、野菜くらぶのメンバー以外の生産者から仕入れて販売することはせず、野菜くらぶのメンバーで収穫できる量だけを出荷する。それでも野菜が不足する場合、A 社は、店舗でメニューを欠品させないように、普段から取引がある流通業者等から仕入れることで対応する [16]。

　このような欠品を防ぐために、野菜くらぶでは、レタスの生産者は 20％程度の余剰作付けを行い、余剰分を卸売市場に出荷することによって、A 社への安定出荷に取り組んでいる。さらに、第 7 章で述べるように、野菜くらぶは、他の地域でも野菜を生産することによって、リスク分散を図り、安定供給を目指している。

　以上から、生産者は欠品のリスクを負っておらず、A 社も野菜の欠品による販売機会ロスのリスクは小さい。しかしながら、産地側で欠品が発生する時期は、卸売市場相場が高いことが多いため、A 社が臨時に他の取引先から野菜を仕入れることは、予定よりも高値で仕入れることになる可能性が高く、その点で A 社が欠品のリスクを負っているといえる。

3.2.　ファミリーレストラン業態 C 社の事例

3.2.1.　C 社の特徴と生鮮野菜調達の概要

　C 社はイタリア料理を提供するファミリーレストラン業態の外食チェーンであり、店舗数は全国に 1,093 店舗、年間売上高は約 1,565 億円（2019 年 8 月期・連結）のナショナルチェーンである。同社は、イタリアからの開発輸入 [17] や、オーストラリアでの食品加工工場 [18] の設立、日本国内での野菜の契約栽培や農業参入など、食材の生産にまで積極的に関与している。とりわけ生鮮野菜の調達に着目すると、C 社は使用する生鮮野菜の約 96％を契約栽培先と自社農場から調達している [19]。C 社の契約栽培先の数は全国で 70〜80 である。また、C 社の自社農場は、福島県と徳島県と宮城県に展開されている。

　以上のような体制を構築する前の C 社は、仕様書発注によって加工業者などからカット野菜を仕入れていたが、1998 年に契約栽培を開始し、2000 年に農業に参入した。契約栽培と農業参入を可能にした理由は、店舗数の拡大に伴って野菜の使用量が増大したことと、自社工場を建設し、自社で食材を加工する体制を整えたことである（表3-3）。C 社の担当者は、「店舗数が 200 店舗近くになったときに、産地へ自社独自の要望をすることが可能となった」という。すなわち、C 社の仕入量が多ければ産地の生産者は C 社が要望する独自の品種や規格での生産を受け入れられるが、取引量が少ない場合は、全生産量の一部のみを C 社に向けて特別に生産することになるため、生産者は C 社独自の品種や規格で生産し、出荷することは難しい。

3.2.2.　白河産地の概要

　C 社によって構築された生鮮野菜流通システムを検討するにあたって、本書では福島県白河市の旧東村 [20] に位置する白河出荷組合と C 社の自社農場である有限会社白河高原農場（以下、白河高原農場、または自社農場と表現する）を取り上げる。白河出荷組合は、旧東村を中心とする地元の生産者の任意組合であり、40 名の農家が、レタス、キャベツ、トマトを C 社に供給しており、200 名の農家が米を C 社に供給している。自社農場では、トマト、キャベツ、ルッ

62

表3-3　C社の店舗数と契約栽培・農業参入・自社工場設立時期

年	店舗数	出来事
1967	1店舗	C社創業
1988	12店舗	
1992	50店舗（6月）	
1994	100店舗（6月）	
1997		吉川工場新設（10月）
1998	200店舗（12月）	契約栽培開始
1999		
2000	300店舗（3月）	福島工場育苗施設完成（12月） 農業参入開始
2001	400店舗（2月）	神奈川工場を建設（3月）
	500店舗（10月）	福島精米工場を建設（5月）
2002	600店舗（10月）	
2003	700店舗（10月）	兵庫工場完成（4月）
2006	800店舗（8月）	
2009	900店舗（7月）	
2011	1000店舗（11月）	
2012		宮城県仙台市でトマト栽培開始（1月）
2013		千葉工場完成（1月）
2019	1500店舗（6月）	

注：品場り調査、C社有価証券報告書、日本経済新聞より作成。

コラ、イタリアンパセリなどが生産されている。

3.2.3. 規格の不一致への対応

　外食チェーンによる農業参入と野菜の規格は深く関係している。C社は、規格の不一致を回避できる野菜を自社農場で栽培したり、店舗での野菜の使い方の工夫によって、全量使用できる野菜を自社農場で生産している。

　C社が自社農場で生産している野菜は、自社工場でカットして使用するキャベツやレタスなどの葉物野菜が中心であり、さまざまな規格のものが使用可能な品目である（表3-4）。これらの葉物野菜は契約栽培による調達も併用されているが、その理由は、自社農場だけではC社が使用する野菜の全量を調達できないことに加えて、病害虫や天候による収穫量変動のリスクを分散するためである。

表 3-4　C 社が使用する主な生鮮野菜と調達方法

調達方法	品目
契約栽培のみ	ズッキーニ、バジル、玉ねぎ、人参、セロリ、小松菜、白菜、じゃがいも、パプリカ、黄色人参
契約栽培と自社農場	レタス、キャベツ、ルッコラ、イタリアンパセリ、トマト

資料：聞取り調査により作成。

　他方、トマトは、以前は自社農場では生産されていなかった。C 社の以前のメニューでは、生食用のトマトは縦に 8 等分にカットしてサラダに使用されるため、提供する消費者ごとに大きさが異ならないように、仕入れるトマトの規格は S と M（1 箱 24 個〜28 個入／4kg）に限定されていた。その後、C 社は、サラダのメニュー改定により、トマトをダイス状にカットして使用するようにしたり、自社農場で生産したトマトをソースに使用したりすることによって、さまざまな大きさのトマトを使用することを可能にしている。これらの工夫により、C 社は現在、自社農場でトマトを生産している。

　以上のように、C 社は規格の不一致が発生しにくい品目で農業に参入し、さらに、規格の不一致が発生する野菜はメニューや使用方法の工夫によって全量使用できるようにしている。

　他方で、契約栽培によって調達される野菜は、生産者組織が C 社に出荷できない規格の野菜を他の販路に出荷している。

　以上のことから、C 社によって構築された生鮮野菜流通システムにおいては、C 社が規格の不一致の発生を抑える工夫をしたうえで、産地側が規格の不一致を解決する役割を担っていることが分かる。

3.2.4.　欠品と余剰への対応

　次に、C 社の契約栽培と農業参入における欠品と余剰への対応について検討しよう。C 社は、産地での作付け前（出荷が始まる約半年前）[21]に各生産者組織と取引内容を決定する。そこで決定される内容は、取引する品目と価格、1 週間あたりの取引量、取引期間などである。すなわち、生産者組織にとっては、

作付け前にC社との取引量が決定することになる。出荷シーズンに入ると、毎週木曜日にC社が生産者組織に翌週1週間分の発注を行い、最終的な取引数量が決定される。

　以下、白河出荷組合のレタスを事例として、産地の生産者組織内での需給調整の方法を詳細に検討しよう。白河出荷組合では、それぞれの生産者が作付け前に自分の畑に植えられる苗の本数を申告する。各生産者の申告に基づいて、白河出荷組合の代表者（A氏）が、C社の仕入計画と突き合わせながら個々の生産者の生産計画を決定する。つまり、毎週の出荷予定量に合わせて、各生産者が植える苗の本数と週を調整する。その計画に基づいて、C社が提供する苗[22]をA氏が各生産者に配布し、生産者がそれぞれ定植する。

　このように、定植は出荷計画に基づいて行われるが、レタスは必ずしも計画通りに収穫されない。そのため、出荷シーズンに入ると、生産者は翌週分の日々の出荷可能数を集荷場に貼ってある表に書き込む。A氏がその数字をC社からの発注数量と突き合わせ、過不足の分は出荷組合内の生産者間で調整することによって、出荷組合としての出荷量を受注数量に合わせる。

　生産者間の調整を行っても収穫量が受注数量に満たないと予想される場合は、A氏がその旨を事前にC社に連絡する。この場合、C社は産地側に欠品ペナルティを科さず、他の契約栽培先の生産者組織に出荷量を増やすように依頼する。自社の契約栽培先のみでは野菜が不足する場合は、C社が仲卸業者等から不足分の野菜を仕入れることによって、店舗でのメニューの欠品を避ける[23]。

　以上のような体制であるため、C社には店舗でのメニューの欠品による販売機会ロスのリスクはほとんどない。しかしながら、契約栽培先以外の卸売市場などから臨時で仕入れる場合は、計画よりも高値で野菜を仕入れる可能性が高い点でC社が欠品のリスクを負っているといえる。この時、自社農場や契約栽培先の生産者組織は、収穫した量だけを出荷するため、欠品のリスクは負っていない。

　逆に、白河出荷組合で野菜が余剰のとき、他の生産者組織が欠品状態であれば、C社に出荷することが可能であるが、他の生産者組織が計画数量どおり出

荷している場合は、Ｃ社には出荷せずに生産者が自分で廃棄処分する[24]。つまり、余剰のリスクは生産者が負っている。

　Ｃ社は欠品を防ぐために、複数の産地の生産者組織から野菜を仕入れている。レタスやキャベツなどの主要野菜に関しては、Ｃ社は、同時期にたとえば5ヵ所の生産者組織から必要量の約20％ずつ仕入れるという考え方に基づいて仕入れている。それら主要な取引先以外にも、Ｃ社はリスク軽減のために複数の生産者組織との少量ずつの取引を維持している。つまり、野菜の不足時に、それまで取引がなかった産地の生産者組織に突然依頼しても野菜を仕入れることは難しいため、普段から複数の取引先から野菜を仕入れ、野菜の不足時にそれぞれの取引先に対して少量ずつ増やすように依頼することによって欠品を防ぐ方法が採られている。

　さらにＣ社は、メニュー改定によって野菜の欠品を事前に防ぐ工夫をしている。Ｃ社は年に4回のメニュー改定を実施しており、野菜を出荷する産地が切り替わる端境期や生産量が少ない時期の野菜をメニューで使用しないことによって、使用する野菜の量を販売面でもコントロールし、欠品や余剰が発生することを防いでいる。

3.3.　契約栽培・農業参入の成立メカニズム

　以上の2社の事例分析とアンケート調査の結果から、外食チェーンによる契約栽培・農業参入によって構築された生鮮野菜流通システムの成立メカニズムを整理する。ここでは、リスク分担と機能分担の観点から検討を進める。加えて、従来の卸売市場流通と比較することによって、外食チェーンによる契約栽培・農業参入によって構築された生鮮野菜流通システムの特徴を明らかにする。

　まず、規格の不一致への対応について整理しよう。外食チェーンは、カットして使用する葉物野菜に関しては、幅広い仕入れ規格を容認することによって規格の不一致によるリスクを軽減しているが、Ａ社におけるトマトのように特定の規格のみを仕入れざるを得ない野菜も存在する。その場合、外食チェーンの契約栽培先の生産者組織が複数の多様な業態の企業と取引を行い、規格ご

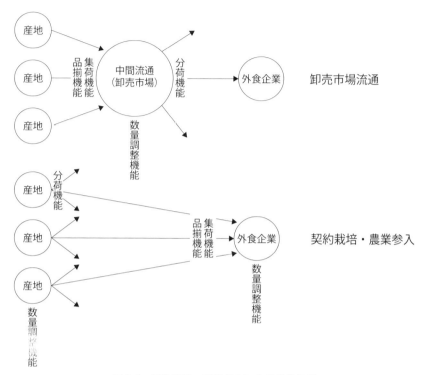

図3-4　契約栽培・農業参入による機能分担

資料：筆者作成。

とに出荷先を分けることによって規格の不一致に対応している。他方、卸売市場流通では、中間流通（卸売市場）に多種多様な買い手が集まることによって、さまざまな規格の野菜は、それを必要とする需要者に分荷される。そのため、産地の出荷者は、全ての規格の野菜を卸売市場に出荷することが可能である。すなわち、外食チェーンによる契約栽培では、従来は中間流通が担っていた規格ごとの分荷機能を産地側の主体（生産者組織）が担っている（図3-4）。他方、全国の産地から野菜を集荷し、品揃えする機能は、外食チェーンが全国各地の生産者組織と契約栽培を実施しているため、外食チェーンが担っている。

　次に、数量調整について整理しよう。契約栽培の場合は、外食チェーンと生産者組織との間で、作付けの前に大まかな取引数量が決定され、実際に出荷が

始まってから 1 週間ごとに最終的な取引数量が決定される。しかしながら、産地での収穫量は天候等によって左右されるため、産地で野菜が不足したり余ったりする事態が発生する。

　産地側で野菜が不足する場合、A 社と C 社は仕入先に欠品のペナルティを科さず、他の取引先から不足する野菜を仕入れることでメニューの欠品を回避している。アンケート調査の結果では、産地側における野菜の欠品時に「他から仕入れる」企業は 64％（16 社 /25 社）、「メニューを欠品にする」企業は 16％（4 社 /25 社）であり、A 社と C 社の事例は一般的な傾向であるといえる。他方、産地側では、生産者組織内の生産者間での数量調整は行うが、他の産地や生産者から仕入れることによって欠品を防ぐことはできない。そのため、野菜の不足時は外食チェーンが卸売市場等から野菜を仕入れるが、その時は仕入れ値が高くなる可能性が高い。つまり、欠品のリスクは外食チェーンが負っている。

　逆に、産地側で野菜が余剰となる場合、A 社と C 社は基本的に発注数量より多く仕入れることはしていない。アンケート調査でも、産地側での野菜の余剰時には「特に対応はしない」企業は 44％（11 社 /25 社）、「可能な限り仕入れる」企業は約 36％（9 社 /25 社）[25] となっており、余剰のリスクは産地側が負っている傾向がある。

　一方、卸売市場流通の場合、出荷者は出荷数量が決められていないため、出荷数量は自由であり [26]、他方、外食チェーンは自社で必要な数量のみの野菜を仕入れることが可能である [27]。卸売市場流通では、価格の変動によって需要と供給が調整されている。

　以上のことから、外食チェーンによる契約栽培・農業参入によって構築された生鮮野菜流通システムにおいては、中間流通（卸売市場）が担っていた機能とリスクの大部分は、産地側の主体と外食チェーンの両方で分担されている（図 3-4）。

4．小括
　本章では、外食チェーンが契約栽培や農業参入を実施する要因を明らかに

し、外食チェーンの契約栽培・農業参入によって構築された生鮮野菜流通システムの特徴とその成立メカニズムについて検討してきた。前者については、外食チェーンは、既存の流通システムの問題点や限界を克服するために、契約栽培や農業参入を実施し始めたことが指摘できる。後者については、外食チェーンによる契約栽培・農業参入では、規格の不一致や欠品や余剰が発生するが、従来は卸売市場や専門流通業者などの中間流通が担っていた数量調整機能や分荷機能とそれに伴って発生するリスクを次のような方法で分担することによって、流通システムが成立していることが明らかとなった。すなわち、規格の不一致に関しては、外食チェーンが可能な範囲で幅広い規格の野菜を仕入れることを容認したり、メニューの工夫によってさまざまな規格の野菜が使えるようにするなどしてそのリスクを軽減するが、仕入れる規格を限定せざるを得ない野菜については、産地側の生産者組織がその分荷機能を担っている。欠品や余剰のリスクについては、欠品のリスクを外食チェーンが負担し、余剰のリスクを産地側の生産者組織が負担している。

　外食チェーンによる契約栽培・農業参入は、アンケート調査の結果からも分かるように、部分的な動きであり、卸売市場や専門流通業者、加工業者に依存した野菜調達をする外食チェーンも多い。また、本書で取り上げた事例においても、外食チェーンが欠品時には卸売市場から調達したり、余剰時には産地の生産者組織が卸売市場に出荷したりするなど、この生鮮野菜流通システムは既存の卸売市場流通によって支えられている部分もある。したがって、外食チェーンの契約栽培や農業参入によって構築された生鮮野菜流通システムは、それ単独では成立しえず、卸売市場流通と併存関係にある。

注
1) 日本の外食産業に関する既存研究として、「飲食店」から「外食産業」への成長やその要因、外食企業の業態や経営戦略に関する研究が蓄積されている（岩淵 1996；小田 2002；塩田 1980；中村 2005；山田 2005）。外食企業の食材調達を扱った学術的な研究に関しては、1990 年代以降の外食市場の飽和を背景に、外食チェーンが生産にまで関与した新しい垂直的調達システムの主体間関係（取引関係）を類型化してその特徴を整理したり、ケーススタディに基づく垂直的な調達システム構築の経緯や産地との提携関係を論じたもの（小田 2003、2004；戸田 1998）、

外食企業の食材調達の特徴を SCM（Supply Chain Management）の観点から論じた研究（木立 2004a、b）などに限られる。これらの研究においては、外食チェーンによる契約栽培や農業参入の成立メカニズムは明らかにされていない。

2）既存研究においては、実需のずれによるリスクの存在は指摘されているが（小田 2004）、そのリスクの分担方法や回避方法の詳細な分析はなされていない。

3）アンケート調査は 2005 年 12 月〜2006 年 1 月に実施した。具体的には、『日経 外食・フードビジネス企業年鑑 2005 年版』に掲載されている全国 802 社の外食・中食企業に対して郵送による調査票の配布・回収を行い、全国の単独店からリージョナルチェーン、ナショナルチェーンまでの幅広い企業群 132 社から有効回答を得た（有効回答率：約 16.5％）。なお、中食企業からの回答は 1 通であったため、アンケートの分析内容は外食企業の現状を示している。

4）1 社は導入年未回答。

5）C 社は、大きめの野菜を求めている。たとえば、キャベツの場合、工場で芯を取り除く作業があるため、同じ重量であれば、小さいキャベツを多く加工するより、大きいキャベツを加工する方が芯を取り除く数が少なくなり、時間短縮につながり、加工コストが削減される。

6）たとえば、予冷庫の設置や朝採りに対応可能な生産者組織。

7）地域別や店舗別のメニューや価格を設定する外食チェーンも存在する。

8）A 社の仕入れ担当者は、「欠品は絶対にできない。我々の存在価値がなくなってしまう。」、C 社の担当者は、「店の信用もあるので、欠品するよりも、高くても素材を仕入れます。」と語り、メニューの欠品は必ず避けなければならないものとしている。

9）2020 年 7 月末時点の値。直営店とフランチャイズ店を含み、海外店舗は除く。

10）この体制を整える以前は、各店舗が近隣の八百屋などから独自に野菜を仕入れていた。

11）A 社に直接販売する商流と、青果物専門流通業者を経由して A 社に販売する商流があり、専門卸業者を経由する場合は、必ずしも全量が A 社に出荷されるわけではないため、この数値の全てが A 社への販売額ではない。そのため、「A 社関連」と表現している。

12）天候不順などの不作時には 12〜24 玉となり、出荷可能なサイズの幅が広がる。

13）小売業と異なり、外食チェーンでは価格を下げて販売量を増やすことは困難である。

14）野菜くらぶは、「A 社さんにレタスを倍はさんでくださいとは言えないから、野菜くらぶとして販路を考えないといけない」、「余計に仕入れてもらっても店舗で在庫として抱え、お客様からのクレームにつながってしまう」と考えているため、余剰品の仕入れを依頼しない。

15）生産者に責任を持ってもらうために、野菜くらぶの事務局が他の生産者に数を増やすように依頼するのではなく、生産者が自ら数量を満たすように調達する。しかし、特別栽培野菜以上のもので、生産者が判明する野菜を出荷するため、野菜を譲り受ける相手は野菜くらぶに所属する生産者に限られる。

16）この場合、店舗ではその旨を掲示によって消費者に伝える。

17）開発輸入で調達している品目は、ワイン、オリーブオイル、調理用トマト、チーズ、パスタなどである。

18）この工場は C 社の子会社であり、2002 年から同工場でステーキ、ハンバーグ、ソース類などを生産している。

19）形式的には専門流通業者から仕入れる野菜もあるが、それは業者の物流機能を利用するため

であり、C 社が産地を訪れて産地の生産者組織と直接契約している。また、加熱加工用の野菜の一部は商社経由で調達しているが、この場合も同社が産地を訪れて品物を確認している。

20) 2005 年 11 月に福島県西白河郡東村は白河市と合併した。

21) 夏に取引をする産地の生産者組織とは 12 月～1 月までに、冬の産地とは 6 月～7 月までに取引内容を決定する。

22) C 社は白河工場に種苗工場を併設し、そこで育苗した苗を白河出荷組合の生産者に提供している。

23) このように卸売市場から調達する量は年間で数パーセント程度である。

24) レタスは C 社から提供された苗で生産する委託生産であるため、C 社以外には出荷しない。他方、同組合のきゅうりの生産者は、余剰分を農協に出荷している。

25) アンケート調査結果では、店舗数が多い大企業の方が「特に対応はしない」傾向が強く、中小企業の方が「可能な限り仕入れる」対応をする傾向がある。

26) ただし、この場合、販売価格は安定しない。

27) この場合、外食チェーンは、豊作時には安く必要量だけを仕入れることができるが、不作時には必要な数量を仕入れようとすると高値で仕入れることになる。

第4章　外食チェーンによる生鮮野菜の周年調達体制の構築と農業参入の意義

1．はじめに

　生鮮野菜の流通において、小売企業や外食企業は、安心・安全な野菜の調達や品質と価格の安定などの目的から、契約栽培や農業参入などの手段によって、卸売市場外から生鮮野菜を調達している（池田 2005、2010；小田 2004；坂爪 1999 など）。しかしながら、2000 年代までは、多くの企業は契約栽培にとどまり、農業に参入する企業は少なかった。これは農地法によって企業による農業参入が制限されていたことが要因の 1 つであるが、2000 年の農地法の改正によって株式会社形態の農業生産法人が認められ、さらに 2009 年の農地法の改正により一般企業による農業への参入規制が大幅に緩和された。その結果、農業に参入する企業が急速に増加している（大野・納口 2013、齋藤・清野 2013）。

　他方、外食チェーンに着目すると、その業態特性から、メニューで使用する生鮮野菜を周年調達する必要がある。卸売市場から生鮮野菜を調達する場合、外食チェーンは自社で周年調達体制を構築する必要はない。しかしながら、卸売市場で外食チェーンが必要とする品質や規格の生鮮野菜を安定的に一定の価格で調達できる保証はない。外食チェーンが卸売市場に頼らずに契約栽培や農業参入のみによって生鮮野菜を調達しようとする場合、自社で周年調達体制を構築する必要がある。外食チェーンはいかにして生鮮野菜の周年調達体制を実現し、その中で農業参入はどのような役割を果たしているのだろうか。さらに、周年調達を目的とした農業参入は、外食チェーンや産地側の主体にどのような効果や意義があるのだろうか。

　以上を踏まえて、本章は、外食チェーンによる生鮮野菜の周年調達体制の構築と、周年調達における農業参入の役割を検討したうえで、外食チェーンと産地側にとっての農業参入の意義を明らかにすることを目的とする。これに加え

て、外食チェーンの農業参入によって構築された生鮮野菜流通システムの特徴と成立メカニズムを検討する。

　本章では、研究対象として外食チェーンを展開している A 社を取り上げる。同社は、トマト、レタス、キャベツ、玉ねぎなどの生鮮野菜を周年調達する必要があるハンバーガー専門店を展開しており、さらに、基本的に契約栽培と農業参入によって生鮮野菜を調達しているため、本研究の事例にふさわしいと考えられる。

　調査方法は主に聞取り調査である。2017 年 9 月から 12 月にかけて、A 社の担当者と、A 社の自社農場の社長に対してインタビュー調査を実施した。

2．研究対象企業の生鮮野菜調達の概要

　まず、研究対象とする A 社の概要について整理しよう。A 社は、フランチャイズによってハンバーガー専門店などを展開する外食チェーンである。同社の国内店舗数は 1,275 店舗（FC 加盟店 1,235 店舗、直営店 40 店舗）（2020 年 7 月 31 日時点）[2] であり、北海道から沖縄県まで 47 都道府県に店舗が展開されている。同社の年間売上高は約 689 億円（2020 年 3 月期）[3] である。A 社は、食材などを仕入れて加盟店に卸している。そのため、店舗で使用する食材を調達して全国の店舗に納品することは同社の重要な事業のひとつである。

　具体的な分析に先立ち、A 社による生鮮野菜調達の概要を整理する。同社は、1997 年までは各店舗が近隣の八百屋などから独自に野菜を調達していたが、農薬や化学肥料の使用量を削減した特別栽培農産物を使用するために [4]、1997 年から本社による生鮮野菜の一括調達を開始した。その年以降、A 社は、自社が指定した栽培基準で生産された野菜を自社の納品基準で仕入れるために、生鮮野菜を契約栽培によって調達している。

　次に、A 社における生鮮野菜の流通について整理する（図 4-1）。A 社では、全国を 9 つに区分し（北海道地方、東北地方、関東・甲信越地方、北陸地方、静岡県・中部地方、関西・四国地方、中国地方、九州地方、沖縄地方）、それぞれの地区に野菜出荷センターを置いている。野菜出荷センターの運営は、A 社から各地の青果物専門流通業者に委託されている。それらの青果物専門流通業者が、

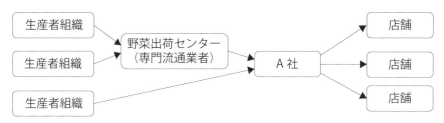

図 4-1　A 社における生鮮野菜流通の概要

注：矢印は商流を表しており、物流はこの通りではない。
　　「生産者組織」は、A 社と契約栽培を実施している農業法人や出荷組合、農協などを示す。
資料：聞取り調査により作成。

A 社の各店舗からの注文に応じて、A 社の契約栽培先である生産者組織（農業法人、出荷組合、農協など）から野菜を仕入れ、検品や仕分け、荷造りをして、物流センターに毎日出荷している。この野菜出荷センターを介す流通経路の他に、A 社の本部が契約栽培先から生鮮野菜を直接調達する流通経路もある（図4-1）[5]。各野菜出荷センターに集荷された生鮮野菜は、包材などを店舗に輸送している全国 12 カ所の物流センターに一度納品され、その後、包材やその他の食材、冷凍食品などと一緒に各店舗に輸送される。

3．A 社によるトマトとレタスの周年調達体制

　A 社が使用する主な生鮮野菜の年間使用量は（表 4-1）、トマトが 2,600t で最も多く、玉ねぎ 2,000t、レタス 1,800t、キャベツ 600t、リーフレタス 60t となっている。これらの野菜は、A 社のメニューの多くで使用されているため、絶対に欠かすことができない。A 社は、これらの生鮮野菜を周年で全国の店舗に供給する必要があるため、1 年を通して安定的に調達しなければならない。一方、トマトやレタスは、良い品質で消費者に提供するために鮮度が重要であるが、収穫後の鮮度の劣化が早いため、長時間の貯蔵に向いていない。さらに、生育に必要な温度などの気候条件から、これらの品目を 1 ケ所の産地で一年中生産することは難しい。そのため、周年調達をしようとすれば、産地リレー[6] の体制を構築する必要がある。本書では、A 社で使用量の多い品目の中から、特に長期保存に適していないために安定調達が難しい品目として、トマ

表4-1　主な生鮮野菜の年間使用量

品目	使用量（t）
トマト	2,600
玉ねぎ	2,000
レタス	1,800
キャベツ	600
サニーレタス	60

資料：A社資料により作成。

トとレタスを事例に分析を進める。

　まず、A社のトマトの周年調達体制をみてみよう。図4-2は、A社が、2017年1～12月にトマトを調達した生産者組織が位置する都道府県を示したものである。これによると、千葉県や岐阜県、熊本県の生産者組織からは、ほぼ周年で調達されていることが分かる。時期別にみると、冬の寒い時期は主に九州地方の生産者組織から調達され、夏は主に東北や関東、中部、中国地方の生産者組織から調達されていることが分かる。都道府県別の調達量のデータは公開できないが、A社の資料によると、トマトに関しては、12～5月は熊本県からの調達量が多い。熊本県からは1年中調達しているが、6月になると熊本県からの調達量が減り、代わりに、千葉県、愛知県からの調達量が増える。7月以降は、岐阜県からの調達量が最も多くなるが、さらに北海道、青森県、千葉県、福岡県など複数の生産者組織から調達量を補っている。その後、11月になると熊本県からの調達量が再び増え始める。

　次に、A社のレタスの周年調達体制をみてみよう。図4-3は、A社が、2017年1～12月にレタスを調達した生産者組織が位置する都道府県を示したものである。これによると、A社がレタスを周年調達している地域はなく、夏から秋にかけては、主に長野県や北海道、青森県、岩手県、群馬県などの生産者組織から調達しており、冬の時期は、主に静岡県や九州地方の生産者組織から調達していることが分かる。A社の資料によると、6～9月頃は長野県からの調達量が最も多く、長野県からの調達量が減少する10月は茨城県、11月から熊本県と静岡県からの調達量が増加し、12～3月は熊本県と静岡県からの

	1月	2月	3月	4月	5月	6月	7月	8月	9月	10月	11月	12月
北海道						■	■	■	■	■		
青森県						■	■	■	■	■		
宮城県				■	■	■	■	■				
秋田県						■	■	■	■	■	■	
山形県						■	■	■	■	■		
福島県					■	■	■	■	■	■		
茨城県	■	■	■	■	■	■				■	■	■
栃木県	■	■	■	■	■	■				■	■	■
群馬県				■	■	■	■	■	■	■		
千葉県	■	■	■	■	■	■					■	■
東京都				■	■	■	■	■	■			
長野県						■	■	■	■	■		
石川県				■	■	■	■	■	■	■	■	
福井県				■	■	■	■	■	■	■	■	
岐阜県				■	■	■	■	■	■			
静岡県	■	■	■	■	■	■	■	■	■	■	■	■
愛知県	■	■	■	■	■	■	■	■	■	■	■	■
滋賀県	■	■	■	■	■	■	■	■	■	■	■	■
兵庫県	■	■	■	■	■	■				■	■	■
奈良県	■	■	■	■	■	■				■	■	■
島根県				■	■	■	■	■				
広島県	■	■	■	■	■	■	■			■	■	■
山口県	■	■	■	■	■	■				■	■	■
福岡県	■	■	■	■	■	■					■	■
佐賀県	■	■	■	■	■	■					■	■
長崎県	■	■	■	■	■	■					■	■
熊本県	■	■	■	■	■	■				■	■	■
宮崎県	■	■	■	■	■	■				■	■	■
沖縄県	■	■	■	■	■						■	■

注：　□　が調達している月を示す。

図 4-2　トマトの周年調達体制

注：資料は 2017 年 1 月～12 月。
資料：A 社資料、A 社ウェブサイトにより作成。

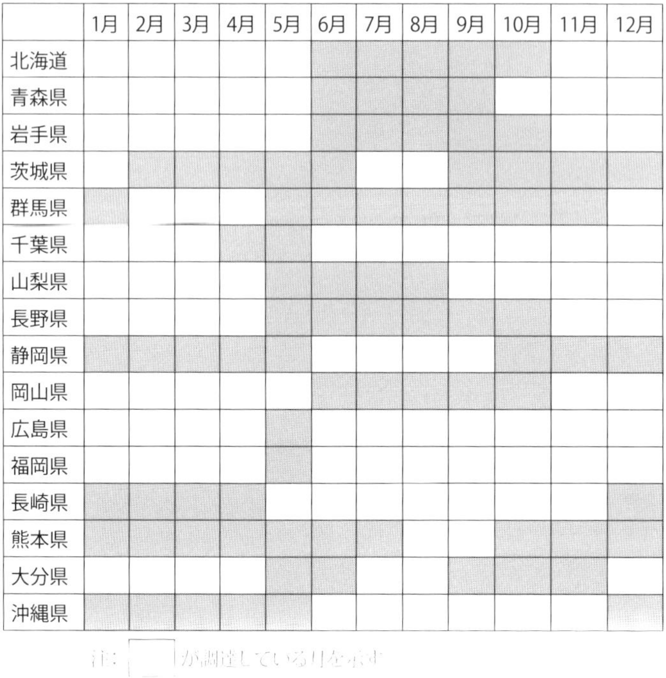

	1月	2月	3月	4月	5月	6月	7月	8月	9月	10月	11月	12月
北海道						■	■	■	■	■		
青森県						■	■	■	■			
岩手県						■	■	■	■	■		
茨城県		■	■	■	■							
群馬県	■				■	■	■	■	■	■		
千葉県			■	■	■							
山梨県						■	■	■	■			
長野県					■	■	■	■	■	■		
静岡県	■	■	■									
岡山県				■	■					■		
広島県					■							
福岡県												
長崎県	■	■	■	■								■
熊本県	■	■	■	■							■	■
大分県						■	■	■	■	■		
沖縄県	■	■	■	■	■						■	■

注：□が調達している月を示す

図4-3　レタスの周年調達体制

注：資料は 2017 年 1 月～12 月。
資料：A 社の資料、A 社ウェブサイトにより作成。

調達量が多くなる。4 月になると静岡県と熊本県からの調達量が減少し、茨城県からの調達量の増加がその減少量を補う。そして、5 月は熊本県と群馬県と茨城県からの調達がメインとなり、その後、長野県からの調達量が増加し、6 月からは再び長野県からの調達量が最も多くなる。

　以上のように、A 社は、全国各地で契約栽培を実施することによって主要な生鮮野菜の周年調達を実現している。では、どのようにしてこのような周年調達体制を構築したのであろうか。A 社の担当者によると「産地の数を増やしていったというのが実情です。どこに良い生産者がいるかとか、まったく情報が少ない中で始めていたので、1997 年からやって、2000 年代前半までは非常に苦しかったです。徐々に生産者を増やしていった、もしくは、付き合って

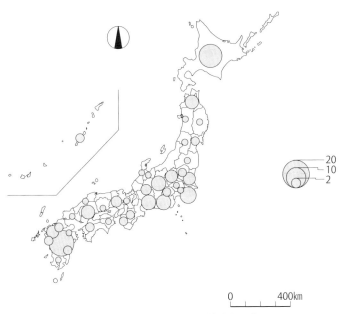

図4-4　都道府県別の契約栽培先の数

いた生産者が規模を拡大していった、という形ですそ野を広げることによっ
て、安定供給を同時にできるようになってきたかなと思います」という。この
ようにA社では、本社による一括調達を始めた時から、徐々に契約栽培先を
増やしたり、契約栽培先の生産者が規模を拡大する事によって、生鮮野菜の周
年調達を実現している。

　その結果、A社は、2017年度時点では、北海道から沖縄までの全国に122
の生産者組織（農家数2,845戸）から野菜を調達している。A社の都道府県別の
生産者組織の数（図4-3）をみると、熊本県（19）と北海道（15）で多く、次い
で長野県（6）、静岡県（6）、愛知県（6）が多い。熊本県は冬のトマトとレタス
の調達量が最も多い地域であり、長野県は夏のレタスの調達量が最も多い地
域、静岡県は冬のレタスの調達量が熊本県に次ぐ地域となっている。北海道
は、夏のトマトの産地であり、さらに10〜3月の玉ねぎの産地であるため、生

産者組織の数が多い。以上のように、A 社の契約栽培先の生産者組織は、A 社の使用量が多いトマトとレタスの地域に多いことがうかがえる。

4．A ファームの設立と周年供給体制

4.1．A ファームの設立目的

　A 社は、生鮮野菜を周年で調達すると同時に、各店舗からの発注数量通りに納品するために、安定的に調達する必要がある。しかしながら、天候や病害虫などの影響によって、産地では計画通りに収穫されない場合がある。また、出荷する産地が切り替わる端境期に安定調達が難しくなる場合もある。そこでA 社は、生鮮野菜の周年調達の手段の 1 つとして、契約栽培先の農業法人との共同出資によって農業生産法人の A ファームを立ち上げている（表 4-2）。

　A 社が自社農場を立ち上げたきっかけは、2005 年に台風の被害によって、野菜の品薄状態が続いたことである。この時、A 社は卸売市場流通品を仕入れて店舗に卸したが、台風の影響によって卸売市場相場が高く、野菜の仕入値の方が店舗への卸値よりも高くなり、赤字となった。このことがきっかけとなり、A 社は、信頼できる契約栽培先の農業法人と出資をして、端境期などの野菜の調達が難しい時期に生産してもらう事などを目的に、自社農場を立ち上げることを検討した。その結果、2006 年に農業生産法人サングレイス（2016年に A ファーム・サングレイスに名称変更）が立ち上げられた。サングレイスは、A 社が 1997 年に最初の契約栽培先として契約した群馬県の「野菜くらぶ」とともに立ち上げられた会社であり、A 社とつながりが深い契約栽培先の農業法人との自社農場の立ち上げが同社の最初の農業参入であった。

　その後、2013 年から A ファームが各地に設立され[7]、2020 年 8 月時点で 7 つの A ファームが立ち上げられている（表 4-2）。A ファームの設立の目的は、端境期における安定的な野菜調達、品薄の時に優先して出荷をしてもらえる仕入先の確保、地域貢献、栽培技術の水平展開[8] などである。たとえば、A ファームすずなりは、生鮮野菜の安定供給のみならず、イベントや試験栽培、耕作放棄地の活用、次世代農業者の育成など、多様な目的のもとに設立されて

表 4-2　A ファームの概要

設立年月	名称	所在地	生産品目
2006 年 2 月	A ファーム・サングレイス	静岡県菊川市	トマト
2013 年 4 月	A ファーム熊本	熊本県八代市	トマト、玉ねぎ
2014 年 1 月	A・サンファームむかわ	北海道勇払郡むかわ町	トマト、レタス
2014 年 4 月	A ファームすずなり	静岡県磐田市	レタス、枝豆
2015 年 4 月	A ファームマルミツ	熊本県八代市	トマト
2015 年 4 月	A ファーム信州	長野県小諸市	レタス
2017 年 6 月	A ファーム千葉	千葉県富里市	トマト、玉ねぎ、人参

資料：A 社の資料により作成。

表 4-3　A ファームすずなりの設立目的

1. ハンバーガーやサラダに必要不可欠な「レタス」の冬季
   （特に 12～2 月の厳冬期）における安定供給
2. 社員研修や食農教育イベントを行える農場の確保
3. 希少品目野菜等の試験栽培を行うための圃場の確保
4. 静岡県西部地区の耕作放棄地の活用
5. 新規就農者の育成と、次世代につながる農業者・土壌の育成

資料：A 社の資料により作成。

いる（表 4-3）。

　このような多様な目的を達成するために、A 社は、契約栽培先の農業法人と出資をして A ファームを立ち上げ、さらに A ファームには役員として A 社の社員が加わるという形で契約栽培先の農業法人と深い関係を築いている。

4.2.　A ファームによる生鮮野菜の供給体制

　次に、A ファームによる生鮮野菜の供給体制について検討しよう。まず、A ファームの生産品目をみると（表 4-2）、7 社中 5 社がトマトを生産しており、A 社がトマトの安定調達を目指している事が分かる。

　図 4-5 は A ファームの主な生産品目とそれぞれの出荷時期を示したものであり、図 4-6 はトマトとレタスの月別の卸売市場流通量を示したものである。

　まず、トマトに関しては、A ファーム・サングレイス、A ファーム熊本、A ファームマルミツはそれぞれ単独で周年供給している。これらの A ファーム

法人名	農地の所在地	品目	4月	5月	6月	7月	8月	9月	10月	11月	12月	1月	2月	3月
Aファーム・サングレイス	静岡県菊川市	トマト												
	群馬県昭和村	トマト												
Aファーム熊本	熊本県八代市	トマト												
	熊本県山都町	トマト												
	熊本県八代市	玉ねぎ												
Aファームマルミツ	熊本県八代市	トマト												
	熊本県阿蘇市	トマト												
A・リンファームむかわ	北海道むかわ町	トマト												
		レタス												
Aファームすずなり	静岡県磐田市	レタス												
		枝豆												
Aファーム信州	長野県御代田町	レタス												
Aファーム千葉	千葉県富里市	トマト												
		玉ねぎ												
		人参												

※ ▨ が出荷時期を示す。

図4-5　Aファーム各社の主要生産品目の出荷時期

資料：A社の資料、聞取り調査により作成。

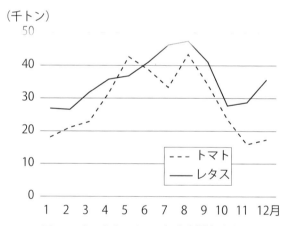

図4-6　トマトとレタスの卸売市場流通量

注：主要都市の卸売市場における2016年の流通量である。

資料：農林水産省（2017）『平成28年 青果物卸売市場調査報告』より作成。

は、周年供給を実現するために異なる 2 カ所の地域で農場を展開している。また、A・サンファームむかわと A ファーム千葉のトマトは夏季のみの出荷であるが、熊本県産のトマトの生産量が減少する時期のトマトを補う形の出荷時期となっている。以上のことから、トマトに関しては全国的に流通量が減少する冬季に生産できる産地を中心に A ファームが設立され、一方で、熊本県の A ファームで生産量が減り、全国的にも流通量が一時的に減少する夏の時期（7月）のトマト生産を補う形で北海道と千葉県に A ファームが設立されていることが分かる。

　他方、レタスに関しては、A ファームすずなりと A ファーム信州を合わせると周年供給できる体制となっている。特にレタスの流通量が減少する冬季において A ファームすずなりが重要な役割を果たしていると考えられる。

5．自社農場の役割と流通形態

　次に、レタス生産を中心とする A ファーム 2 社とトマト生産を中心とする A ファーム 2 社を取り上げ、A 社における生鮮野菜の周年調達の中での自社農場の役割と流通形態の特徴を明らかにする。池田（2010）（本書第 3 章）では、外食チェーンが契約栽培や農業参入を実施する場合に、外食チェーンの店舗で使用する野菜の規格と産地で収穫される野菜の規格が必ずしも一致しない「規格の不一致」が発生することを指摘し、その対応方法について明らかにした。本節では、「規格の不一致」への対応という視点も加えて、A 社の農業参入によって構築された生鮮野菜流通システムの特徴を検討する。

5.1.　A ファームすずなりの事例

5.1.1.　A ファームすずなりの概要と周年調達体制における役割

　A ファームすずなりは、A 社と㈱鈴生との共同出資によって、2014 年 4 月 1 日に設立された農業生産法人である[9]。同社の所在地は静岡県磐田市であり、同社は、レタス、ロメインレタス、リーフレタス、枝豆を生産し、そのうちレタス、リーフレタスを A 社に供給している。これら 2 品目の A 社への供給量

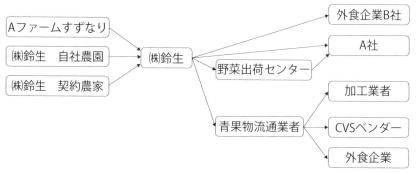

図 4-7　A ファームすずなりの流通形態

注：矢印は商流を示す。
資料：聞取り調査より作成。

は年間 200t 強である。なお、㈱鈴生は、自社農園を持つだけではなく、契約
農家から野菜を仕入れている。また、㈱鈴生は、2003 年から A 社と取引をし
ている。

　A ファームすずなりの磐田農場が立地する地域は、冬季は比較的温暖であ
るため、真冬にレタスを供給できることが特徴である。A ファームすずなり
の設立目的の 1 つが「ハンバーガーやサラダに必要不可欠な「レタス」の冬季
（特に 12〜2 月の厳冬期）における安定供給」（表 4-3）となっており、同社はそ
の前後も含めて 11〜5 月にレタスを出荷している（図 4-5）。

5.1.2.　A ファームすずなりの流通形態

　A ファームすずなりで生産された野菜は、すべて㈱鈴生に出荷される（図
4-7）。㈱鈴生は、契約農家や自社農園で生産された野菜を、A 社を含めた様々
な業態の取引先（25 社）に販売している。㈱鈴生が直接取引をしている企業は
A 社（12％）[10] と外食企業 B 社（18％）であり、これ以外の企業とは、青果物
専門流通業者などを介して取引をしている。青果物専門流通業者を経由しての
取引先は、コンビニエンスストアのベンダー（10 社で合計 40％）、カット野菜
業者（10％）、外食企業 C 社（10％）、外食企業 D 社（5％）などである。一方、
スーパーマーケットなどの小売企業との契約取引はない。

　㈱鈴生に所属する生産者（グループを含む）数は 14 であり、A ファームすずなりもその中の 1 つという位置づけである。これら 14 の生産者（グループ）は、㈱鈴生の栽培指導を受け、畑を登録している。さらに㈱鈴生が栽培マニュアルを作成し、生産方法を統一し、トレーサビリティも管理している。このように、㈱鈴生に出荷される野菜は、統一基準で生産されているため、㈱鈴生の商品としていずれの出荷先にも出荷できる。

　㈱鈴生は、これらの生産者のレタスの中から、その時々に取引相手に適した規格のレタスを販売しているため、A ファームすずなりで生産されたレタスが必ずしも A 社に出荷されるとは限らない。結果として、A ファームすずなりで生産されたレタスの約 50% が A 社に出荷される。これは、A 社の規格に合わないレタスを他の取引先に出荷するためである。たとえば、収穫時に外葉を落としたレタスは A 社には出荷できないが、外食企業 B 社では外葉を落としたレタスが好まれるため、外食企業 B 社に出荷される。また、A 社の出荷基準は 7 部結球であるが、カット野菜工場では 8 部結球が好まれるため、生育が進んだレタスは、加工業者などに出荷される。このように、㈱鈴生が多種多様な出荷先を持つことによって、栽培したレタスを全量出荷し、経営の安定化を図っているため、A ファームすずなりで生産されたレタスの全量を販売することができる。つまり、仮に A ファームで生産されたレタスの出荷先が A 社のみの場合、A ファームすずなりは生産量の約 50% しか出荷できないが、㈱鈴生を経由して A 社以外の取引先にも出荷することによって、A ファームすずなりの畑で生産されたレタスの全量を出荷する体制が整えられている。

5.2.　A ファーム信州の事例

5.2.1.　A ファーム信州の概要と周年調達体制における役割

　A ファーム信州は、A 社と㈱ベジアーツと個人生産者の共同出資によって、2015 年 4 月 10 日に設立された農業生産法人である[11]。同社の所在地は長野県小諸市であり、同社はレタスを生産し、A 社に販売している。A 社への販売量は年間約 10t である。㈱ベジアーツは、北佐久園芸㈱の農園部門として

1999 年に設立された会社であり、北佐久園芸㈱は 1997 年から A 社と取引をしている。

　A ファーム信州のレタスの出荷時期は、5 月〜10 月であり、真夏にもレタスを供給できることが特徴である。また、A ファーム信州の圃場は、レタスの大産地である長野県川上村よりも標高が低く、川上村より出荷期間が前後に 1 か月長いことが特徴である。レタスは、10 月が産地の切り替え時期であり、全国的に流通量が減少する（図 4-6）。この時期に出荷できることが A ファーム信州の強みである。

　A ファーム信州と㈱ベジアーツの圃場は、両社を合わせて標高 600、800、1,000、1,300m の場所にあることに特徴があり、5 月に標高 600m の圃場から収穫が開始され、7 月は標高 1,000m の圃場、8 月は標高 1,300m の圃場で収穫される。9 月以降は標高 1,000m の圃場から徐々に標高が低い圃場へと移行し、10 月は再び標高 600m の圃場で収穫される。このように、A ファーム信州と㈱ベジアーツは、標高の異なる複数の圃場を持つことによって、長期間の出荷を可能とし、A 社によるレタスの周年調達に寄与している。

5.2.2.　A ファーム信州の流通形態

　A ファーム信州で生産されたレタスは、すべて北佐久園芸㈱に出荷される。北佐久園芸㈱は、もともと出荷組合であり、自社では生産を行っていなかったため、生産部門として㈱ベジアーツが立ち上げられた。北佐久園芸㈱が、㈱ベジアーツと A ファーム信州のレタスを仕入れて、A 社を含めた様々な取引先に出荷している。北佐久園芸㈱の主な出荷先は、A 社（11％）と小売企業 2 社（それぞれ 10％ずつ）、加工業者（5％）、外食企業（5％）であり、残りは青果物専門流通業者を経由して販売している。

　北佐久園芸㈱に出荷する生産者（グループを含む）数は 25 であり、A ファーム信州もその中の 1 つという位置づけである。㈱ベジアーツと A ファーム信州のレタスのみ生産方法が統一されているため、両社で生産されたレタスが A 社に出荷される。

　㈱ベジアーツと A ファームで生産されるレタスは、外食企業か小売企業向

けに作られており、加工業者への出荷はほとんどない。この理由は、A社やスーパーマーケットは、7部結球の「ふんわり」としたレタスを求めており、それよりも生育が進んだレタスを求める販売先を持つと生産現場が大変になるためである。そのため、生育が進んだレタスや小さいレタスなどは、卸売市場に出荷されており、北佐久園芸㈱の出荷量の3〜4割は卸売市場に出荷される。

5.3. Aファーム熊本の事例

5.3.1. Aファーム熊本の概要と周年調達体制における役割

Aファーム熊本は、A社と㈱うえなかと個人生産者などとの共同出資によって、2013年4月3日に設立された農業生産法人である[12]。同社の所在地は熊本県八代市であり、同社はトマト、レタス、玉ねぎを生産し、A社に供給している。A社へのトマトの供給量は年間150t前後である。また、㈱うえなかは、2008年からA社と取引をしている。

Aファーム熊本の特徴は、1年を通してトマトを出荷していることである（図4-5）。Aファーム熊本は、トマトの周年供給のために、八代市と山都町の2か所で農業を展開している。八代農場は海に面した干拓地にあり、冬も比較的温暖であるため、10〜6月にトマトが収穫できる。山都農場は標高500mに位置しており八代市よりも冷涼であるため、夏季にトマトの収穫が可能であり、7〜10月にトマトを出荷している。このように、Aファーム熊本は標高が異なる2つの農場を持つことによって、A社に対するトマトの周年供給を可能にしている。

トマトは全国的に7月と10月が産地の切り替えの端境期にあたるため、この時期に不足しやすい。Aファーム熊本は、A社からこの時期のトマトの安定供給が求められている。もともと㈱うえなかは、夏季にはトマトを生産していなかったが、Aファーム熊本の立ち上げにあたって、夏季のトマトの供給による周年供給が条件であったため、標高の高い地域で農地を探し、山都町にハウスを建ててトマトの生産を開始した。

5.3.2.　A ファーム熊本の流通形態

　㈱うえなかと A ファーム熊本は㈱ Sora のグループ会社である。㈱ Sora は、複数の農業生産法人や物流会社などを傘下に持つ企業である。㈱ Sora グループの企業は生産した野菜を㈱ Sora に出荷し、その野菜を㈱ Sora が取引先に出荷する。そのため、A ファーム熊本で生産された野菜も㈱ Sora に出荷され、㈱ Sora が集荷・選果して出荷する。すなわち、㈱ Sora グループで生産された野菜が A 社に販売される。

　A 社では、トマトはハンバーガーに使用するため、バンズ（円形状のパン）の大きさに合わせて L サイズのみを使用する。そのため、A 社に出荷できるトマトは L サイズのみであり、他のサイズのトマトを A 社に出荷することはできない。㈱ Sora グループにおける L サイズのトマトの生産量は全体の 2 割程度である。そのため、㈱ Sora は、A 社以外の外食企業には S と M サイズのトマトを販売し、スーパーマーケットに対しては、M、S、2S サイズのトマトを販売し、惣菜メーカーには 2S や 3S サイズのトマトを販売している。さらに同社では大きいサイズのトマトを販売するために、2L サイズのトマトを 1 箱に 3〜5 個入れて、手ごろな価格で買えるように商品化してスーパーマーケットに販売している。以上のように、㈱ Sora が多様なサイズのトマトを求める取引先と契約をすることによって、L サイズ以外のトマトの販売を可能にしている [13]。㈱ Sora の出荷先の割合は、A 社が 2 割、大手スーパーマーケットが 3 割、外食企業が 2 割、総菜メーカーが 1 割弱である。これら 4 社が㈱ Sora の主要な出荷先であり、残りは他のスーパーマーケットなどとの取引である。

　また A ファーム熊本は、2013 年に、スーパーマーケットの PB ブランドのトマトとコラボレーションする形で、自社のトマトを A ファームブランドのトマトとして販売した。これをきっかけに、同社は、M、S、2S サイズのトマトを A ファームブランドのトマトとしてスーパーマーケットに販売している。

5.4.　Aファームマルミツの事例

5.4.1.　Aファームマルミツの概要と周年調達体制における役割

　Aファームマルミツは、A社とマルミツアグリ㈱との共同出資によって、2015年4月10日に設立された農業生産法人である[14]。マルミツアグリ㈱は、2007年に設立したマルミツ園芸㈱の農園部門の法人であり、マルミツ園芸㈱は1998年からA社と取引をしている。

　Aファームマルミツの所在地は熊本県八代市であり、同社はトマトを生産し、A社に供給している。A社へのトマトの供給量は年間90t強である。

　Aファームマルミツは、Aファーム熊本と同様に、1年を通してトマトを出荷している（図4-5）。Aファームマルミツでは、周年でトマトを供給するために、八代市と阿蘇市の2か所で農業を展開している。八代農場は海に面した干拓地にあり、冬も温暖であるため、10〜6月にトマトを生産している。阿蘇農場は標高700mに位置しており、冷涼な気候であるため、夏季にトマトの収穫が可能であり、出荷期間は7〜10月である。Aファームマルミツでは、このように標高が異なる2つの農場を持つことによって、トマトの周年供給を実現にしている。㈱マルミツアグリは、Aファームマルミツの設立前から阿蘇農場で夏季にトマトを生産していた。Aファームマルミツは、Aファーム熊本と同様に、端境期や冬季のトマトの供給が求められたため、会社設立当時は㈱マルミツアグリのハウスを借りてトマトを生産し、2017年に阿蘇市に新しくハウスを建築し、トマトの周年供給体制を確立した。

5.4.2.　Aファームマルミツの流通形態

　Aファームマルミツで生産されたトマトは、マルミツ園芸㈱に全量出荷され、マルミツ園芸㈱が選果し、契約先に販売している。マルミツ園芸㈱には、マルミツアグリ㈱とAファームマルミツの他に2名の生産者が所属しており、生産方法が統一されている。そのため、A社に対しては、Aファームマルミツで生産されたトマトのみではなく、マルミツ園芸㈱に出荷されたトマトの中からLサイズのものが出荷される。

　マルミツ園芸㈱の出荷先は、A社の他に、スーパーマーケットが数社であり、その中で1社のみ直接取引であるが、それ以外のスーパーマーケットには青果物専門流通業者を通じて出荷している。これらのスーパーマーケットに対してはMとSサイズのトマトが販売されている。同社は加工業者への販売はしていない。余剰となったトマトは、卸売市場に出荷される。また、先に述べたAファーム熊本のように、Aファームマルミツは2017年11月からスーパーマーケットへのAブランドのトマトの販売を開始している。マルミツ園芸㈱としてのトマトの出荷量は、すべての販売先を合計すると年間800〜900tである。

5.5. Aファームの役割と流通形態

　以上4社の事例を踏まえて、本節では、Aファームの役割と流通形態の特徴について検討する。

　まず、生産に関しては、トマトを主体とするAファーム熊本とAファームマルミツは、自社単独で周年供給ができる体制を構築している。A社では、9月〜11月に品質の良いトマトの不足が続いていたこともあり[15]、Aファーム熊本とAファームマルミツは、その時期のトマトの安定調達に重要な役割を果たしていると考えられる。一方、レタスの生産を主体とするAファームすずなりとAファーム信州は、単独で周年供給はできないが、両社を合わせてA社に周年供給できる体制となっている（図4-5）。また、Aファームすずなりは、冬季にレタスの供給が可能であり、全国的にレタスの市場流通量が減少する時期におけるA社のレタスの調達に重要な役割を果たしていると考えられる。

　次に、流通に関しては、Aファームは生産に特化し、販売（分荷）機能を担っていない。AファームはいずれもA社と同社の契約栽培先の企業（農業法人）との共同出資によって設立され、その契約栽培先の企業の社長がAファームの社長を兼務しているため、Aファームは生産した野菜を出資元企業やその企業の野菜を販売している関連企業に全量を出荷している（図4-8）[16]。そのため、Aファームで生産された野菜は、全量がA社に供給されるわけでは

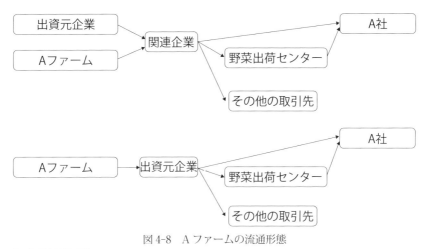

図 4-8　A ファームの流通形態

注：矢印は商流を示す。
資料：聞取り調査に基づき作成。

ない。たとえば、トマトの場合、A 社では L サイズのみが使用されるため、A
ファームの野菜を販売する企業が、2L、M、S、2S サイズのトマトを出荷でき
る販売先を持つことによって、規格の不一致に対応している。レタスの場合
は、A 社に出荷可能なレタスは 7 部結球で、外葉がついているなどの規格が
あるため、販売機能を担う企業が、それ以外のレタスを出荷できる販売先を持
つことによって、A ファームで生産したレタスの全量を出荷できるように対
応している。

　このように、A 社の農業参入では、契約栽培先の企業との共同出資によっ
て A ファームが設立されているため、A ファームは既存の流通経路で野菜を
販売することができる。そのため、A ファームは販路を新たに開拓する必要
がなく、生産に特化できる。

6．契約栽培先の農業法人との共同出資による農業参入の効果と意義

　外食チェーンが契約栽培先の農業法人との共同出資によって農業参入をする
意義はどこにあるのだろうか。本節では、聞取り調査の内容に基づいて、A
ファームの立ち上げの効果と意義について、産地側の主体である契約栽培先の

農業法人と A 社の両方の視点から考察する。

6.1. 契約栽培先にとっての効果と意義

　今回の研究で事例とした A ファームでは、出資元である A 社の契約栽培先の農業法人の社長が A ファームの社長を兼務しており、両方の会社を経営しているため、両者を分けて考えることは難しい。そのため、本書では、契約栽培先の農業法人と A ファームを合わせて契約栽培先としてとらえ、その契約栽培先にとっての効果と意義を検討したい。

　まず、契約栽培先にとっての大きな効果として、全国的に知名度が高い A 社のブランド（以下、「A ブランド」と表現する）を得ることから生じる効果がある。これは様々な面で、契約栽培先に正の効果をもたらしている。

　1 つ目は雇用面での効果である。A ファームは設立されてから数年であるため、まだ大きな効果は出ていないが、A ファーム熊本、A ファームマルミツ、A ファーム信州は、雇用において「A ブランド」が強みだととらえている。A ファーム熊本は「A ファームという名前は、雇用面ではかなり助かっている部分はあります」という。A 社のウェブサイトには「A バーガーのアルバイト・パート求人情報アルバイト」のページが設けられており、A ファームの求人情報はこのウェブサイトにも掲載される。そのため、A ファームマルミツは「A 社の人材募集に情報を載せることで、応募者が増えた」という。また、A ファーム信州を立ち上げた㈱ベジアーツは、新卒者採用の会社説明会時に「A 社と協業して A ファームという関連会社を一緒にやっているということで、実際に箔がついているなというのは感じました」という。

　2 つ目は、野菜に「A ブランド」をつけてスーパーマーケットに販売する取り組みによる販路拡大の効果である。A 社に販売できるトマトは L サイズのみであるが、A ファームは、L サイズ以外のトマトに関しても、「A ブランド」という付加価値を付けた販売をすることができる。A ファーム熊本は、今後、全国の A ファームと協力して、レタスやタマネギなどの「A ブランド」野菜の周年販売体制を構築しようとしている。さらに A 社は、今後、「A ブランド」の野菜の販売に力を入れていく予定である。

　3つ目は、産地でのイベントが増加する効果である。たとえば、Aファームすずなりでは、収穫体験とAバーガーづくり体験、小学生の職業体験、地元のホームセンターとスーパーマーケットとの共同イベントなどが年に5回程度開催されている。これらのイベントは、地元の自治体や商工会議所、NPO法人などからの依頼によって実現している。また、Aバーガーのオーナーが参加する収穫祭も開催されている。さらに、Aファーム信州やAファーム熊本においても、収穫体験のイベントが開催されている。このようなイベントはAファームを立ち上げてから増えており、「Aブランド」の効果といえよう。倉持・竹内（2014）によると「企業が農業に参入するにあたっては、地域住民の理解や地域との共存が必要不可欠である」ため、このような地元でのイベントは、Aファームにとっても重要であると考えられる。

　4つ目は、地域からの信頼が得られる効果である。Aファーム各社によると、A社からの出資があったという事実が、地元の金融機関や企業などからの評価を上げているという。たとえば、Aファーム熊本は、Aファームを立ち上げた後に「こちらから営業をしなくてもよいくらいの電話が来た」という。一方、Aファームすずなりは、「地元の企業などとの交流が増えて地域からの信頼が得られた」という。さらに、先に述べたAファームの名前を冠したイベントの開催は、地域との関わりを増やしている。このような地域での活動が増えたことが、Aファームの地元地域での信頼獲得につながっている。

　他方、「Aブランド」とは直接的な関係はない点でも、契約栽培先にとってA社による農業参入の効果や意義がある。

　1つ目は、地元の自治体とのつながりの強化による効果である。たとえば、Aファーム信州やAファーム熊本、Aファームマルミツは、設立時に地元の自治体と農業参入に関する協定を結んでいるため、Aファームと地元の自治体とのつながりが強くなる。具体的な取り組みとして、自治体が耕作放棄地などの農地の斡旋や取りまとめを行い、Aファームがその土地を借りて農業をする取り組みがなされている。Aファームすずなりでは地元自治体との協定は結んでいないが、耕作放棄地の解消がAファーム立ち上げのきっかけだったこともあり、磐田市からの協力を得て、㈱鈴生と合わせて5haの耕作放棄

地を解消している。

　2つ目は、A社から出資があったことによる効果である。これは、A社からの出資がAファームの経営に大きく寄与していることである。たとえば、AファームすずなりはA社からの出資によって無借金で経営できていることがメリットであり、Aファーム信州は借り入れをしないで設備投資ができているという。Aファームマルミツでは、A社からの出資金によってハウスを建築し、Aファーム熊本では、台風の被害を避けるために、A社の増資によって耐候性ハウスを建築している。

　3つ目は、A社と契約栽培先との関係の深化である。Aファームには役員としてA社の社員も加わっている。さらに、A社が顧問料を負担し、専門家を顧問としてAファームに付けたり、土壌分析などの専門家を派遣することによって、畑の問題解決や技術の向上が図られている。また、A社との関係の深化によって、受注量が安定するという効果がある。たとえばAファーム信州は、Aファームを立ち上げてから受注量が安定したと感じているという。さらにA社との関係の深化のみならず、Aファーム間の交流が生まれており、Aファーム同士での情報交換や勉強会が行われている。

6.2.　A社にとっての農業参入の効果と意義

　次に、A社の視点から、契約栽培先との共同出資による農業参入の効果と意義を考察する。

　A社にとっての効果と意義の1つ目は、野菜の不足時にもA社に優先的に出荷する仕入先の確保である。Aファームへの聞取り調査によると、いずれのAファームも野菜の不足時にはA社への出荷を優先するという。一般的に、契約栽培の場合、産地の出荷組織は複数の取引先を持っているため、収穫量が不足する場合は、すべての取引先への出荷量を少しずつ減らしたり、取引先との関係性によって減らす出荷量を調整するなどして対応する場合が多い。そのため、契約栽培の場合においても産地の生産者組織は、野菜の不足時に必ずしもA社への出荷を優先するとは限らない。Aファームは、野菜の不足時にA社に優先的に出荷をするため、A社の生鮮野菜の安定調達において重要

な役割を果たす。すなわち、A 社による農業参入は、端境期などの流通量が少ない時期に出荷できる取引先を確保できる点でも A 社の安定調達を支えることにつながる。さらに、トマトの大産地である熊本県に位置する 2 つの A ファームでは、台風による影響を受けることがあるため、A 社の出資によって、天候に左右されないように耐候性ハウスが建築されており、このことは A 社に対するトマトの安定供給につながると考えられる。

　2 つ目は、契約栽培先の資源の活用ができることである。A ファームの立ち上げ時には、社員を出資元企業（A 社の契約栽培先）からの出向という形でまかなう場合がある。たとえば、A ファーム信州と A ファームすずなりでは、出資元企業である㈱ベジアーツや㈱鈴生から社員が出向している。さらに、A ファームすずなりは農業に必要な機械などの設備を㈱鈴生からリースしており、A ファーム信州は北佐久園芸㈱の出荷施設などを利用している¹⁷⁾。一方、A ファームマルミツは、設立時はマルミツアグリ㈱のハウスを借りて A ファームマルミツがトマトを生産していた¹⁸⁾。このように、A 社は契約栽培先の人や物などの資源を活用しながら農業に参入することができている。

　3 つ目は、契約栽培先が持つ技術を活用できることである。A ファームは、A 社と取引年数の長い契約栽培先との共同出資で設立されるため、A 社に出荷するための栽培基準や出荷基準を満たした野菜の生産ができる。各 A ファームの社長は A 社の契約栽培先の社長が兼任しており、さらに A ファームの社員は出資元の契約栽培先からの出向者がいる場合もあり、A ファームは立ち上げ時から A 社の栽培基準や出荷基準を熟知しており、それを実現する技術も有している。

　4 つ目は、農業に参入しても新たな販路を開拓する必要がないことである。外食企業が農業に参入する場合、自社で生産した農産物を全量使用できない場合は、使用しない農産物の販路を開拓する必要がある。しかしながら、A 社の農業参入方式では、出資元の契約栽培先がすでに持っている販路で出荷調整ができるため、自社農場で生産した野菜のうち、自社で使用しない規格の野菜や余剰となった野菜の販路を新たに開拓する必要がない。

　5 つ目は、イベントや研修などで使う農場が確保できることである。A 社

は、店長が参加する収穫祭などの収穫体験や顧客が参加するハンバーガーづくり体験などのイベントを実施している。Aファーム立ち上げ後は、このようなイベントの開催回数が増加している。A社は、Aファーム立ち上げ前も契約栽培先の畑でイベントを実施していたが、先方の都合で断られることもあり、日程調整なども大変であったという。Aファームは設立時に研修やイベントへの協力も目的に含めているため、A社にとっては、畑での各種イベントが実施しやすくなった効果がある。このようにA社の名前を冠したAファームをイベントなどで活用できる点はA社にとってメリットが大きい。

7．小括

　本章では、外食チェーンによる生鮮野菜の周年調達体制の構築と、周年調達における農業参入の役割を検討し、外食チェーンとその契約栽培先との共同出資による農業参入の効果と意義を考察してきた。

　その結果、次のことが明らかとなった。A社では、1997年に本部による生鮮野菜調達に切り替えてから、北海道から沖縄までの全国に契約栽培先を広げ、トマトやレタスなどの主要な生鮮野菜を周年調達できる産地リレーの体制を構築している。さらに、A社は、端境期や流通量の少ない時期に安定的に野菜を調達するために、契約栽培先と共同出資する形で自社農場を設立している。Aファームの立ち上げにあたっては、冬季のトマトやレタスなど、安定調達が難しい時期に生産ができる産地が選定されている。Aファームは、生産した野菜を出資元の契約栽培先企業か関連企業に全量出荷しており、その出荷先の企業が出荷調整を行っている。そのため、Aファームは独自の販路を開拓する必要がなく、生産に専念できる。

　このようなA社の農業参入方式は、生鮮野菜の安定調達につながるだけではなく、A社にも契約栽培先の企業にも様々な効果や意義があることが明らかとなった。それは、A社にとっては、たとえば、契約栽培先の資源や技術、販路を活用できることであったり、契約栽培先にとっては「Aブランド」を得ることから生じる効果や意義であった。

　最後に、A社によって形成された生鮮野菜流通システムの成立メカニズム

をまとめよう。小売企業や外食企業が農業に参入する場合、流通の観点からは、自社農場で生産した野菜の中で、自社で販売したり使用したりできない野菜の販路が問題となる。A 社による農業参入においては、A 社が契約栽培先との共同出資によって自社農場を立ち上げ、自社農場における生産物の販売機能や需給調整機能を契約栽培先の企業が担うことによって、その生鮮野菜流通システムを成立させている。

注

1) 企業の農業参入に関しては主に農業経済学などの分野で研究の蓄積がみられる。たとえば渋谷（2014）は、農業参入方式、作目・作物企業規模、本体企業の業種、参入時期、参入地域から分類することによって、企業による農業参入の全体像を描き出している。大手小売業の農業参入に関しては、仲野（2010）、大野・納口（2013、2014）、緩鹿・清水（2015）が農業参入形態と目的を検討している。外食企業の農業に関しては、齋藤・清野（2013）がローカルチェーンの農業参入の実態と特徴を大手チェーンと比較し、その差異を検討している。
2) 国内店舗以外にも、アジアを中心とする海外に 356 店舗を展開している（A 社のウェブサイトより）。
3) A 社のウェブサイトより。
4) A 社としては、特別栽培農産物を推奨しているが、栽培地域によっては、その地域の地域認証を得た農産物を仕入れるなど、柔軟に対応している。いずれにしても、A 社が産地で味や栽培方法を確認している。
5) A 社は、1997 年に生鮮野菜の仕入れを本部に切り替えた当時、埼玉配送センターを設立し、そこで産地開拓、仕入れ、検品、仕分け、出荷をしていた。その名残で、現在でも、本社が直接産地から調達する流通経路が残っている。本部が直接仕入れる野菜は、埼玉県、千葉県、茨城県、群馬県、を中心とした約 200 店舗で使用される。
6) 産地によって生産・出荷が可能な時期が異なるため、それぞれの時期に出荷可能な産地をつなぐことによって、通年で調達できるようにすること。
7) サングレイス立ち上げ後は、利益を確保するのが難しかったが、5 期 6 期と連続して黒字化したことと、A 社の当時の社長（現会長）が A ファームを 10 社程度立ち上げるべきとの方針を打ち出したこともあり、その後、連続して A ファームが立ち上げられている。
8) 栽培技術の水平展開は、属人化している栽培技術の中で、A 社がお金をかけて解明できる技術があれば、それを A 社が解明し、協力農家に水平展開し、農家の収益を上げることを目的としている。
9) A 社のプレスリリースより。
10) 括弧内は、出荷割合。以下、同じ。
11) A 社のプレスリリースより。
12) A 社のプレスリリースより。

13)「規格の不一致」へのこのような対応は、本書第 3 章（池田 2010）で分析した「野菜くらぶ」の対応と同様である。

14) A 社のプレスリリースより。

15) A 社のプレスリリースより。

16) 本稿では 4 社の A ファームを研究対象としたが、A 社によると、他の A ファームも同様の流通形態である。A・サンファームむかわだけは、法人が農協の組合員であるため、農協に出荷し、農協が販売機能を担っている。

17) この施設の利用料は、A ファーム信州が北佐久園芸㈱に支払う出荷手数料に含まれる。

18) 2017 年に A ファームマルミツが自社のハウスを建築して、そこでトマトを生産している。

第5章　生協の宅配事業における需給調整システム

1．はじめに

　小売業界の市場規模が縮小する中で、食品宅配の市場規模は拡大し続けている（第1章）。食品宅配市場の中で最も大きな割合を占めている事業が生活協同組合（以下、生協）による無店舗事業[1]（以下、宅配事業）である。後述するように、生協の宅配事業は、需給調整が難しい流通形態であり、その需給調整の方法を明らかにすることは、生鮮野菜流通システムを理解することに寄与する。生協による宅配事業は2000年以前から行われてきたが、本章では2000年以降も成長を続ける流通の事例として、食品宅配事業の生鮮野菜流通システムを取り上げる。

　生協の宅配事業における生鮮野菜流通の特徴の1つは、組合員（消費者）からの受注数量が商品供給[2]の1週間前に決定し、その数量通りに組合員に商品を届けることである。一般的に、小売企業は販売計画や需要予測に基づいて商品を発注するが、生協の宅配事業では、組合員からの受注（実需）に基づいて産地側に野菜が発注される。他方、産地側では野菜の収穫量が天候等に左右されるため、計画通りには収穫されない場合がある。そのため、組合員からの受注数量と産地側での収穫数量は必ずしも一致しない。これらの結果として、収穫数量が組合員の発注数量に満たずに野菜が不足する欠品や、逆に契約数量や収穫数量に組合員の発注数量が満たずに野菜の余剰が発生する場合がある。欠品は消費者からの信頼を失いかねないと同時に、販売機会ロスにつながり、余剰品の廃棄は在庫処分ロスにつながる。すなわち、生協の宅配事業における生鮮野菜流通システムは、欠品や余剰によるリスクを抱えており、そのリスクは実店舗販売の小売業の流通システムよりも大きいと考えられる。このリスクはどのように回避され、生協の宅配事業における生鮮野菜流通システムは成立

しているのだろうか[3]。

　以上を踏まえて、本章では、パルシステム生活協同組合連合会（以下、パルシステム）の宅配事業を事例に、その生鮮野菜流通システムにおける需給調整の方法を検討することによって、その成立メカニズムを明らかにすることを目的とする。さらに、他の流通形態と比較することによって、生協の宅配事業における生鮮野菜流通システムの特徴を検討する。調査方法は主に聞取り調査である。パルシステム、株式会社ジーピーエス、つくば市谷田部農業協同組合青壮年部産直部会において、2008 年 11 月から 2009 年 1 月、2010 年 8 月に聞取り調査を実施し、2020 年 2 月に追加調査を実施した。

2．パルシステムにおける青果物流通

2.1．パルシステムの産直の概要

　具体的な分析に先立ち、パルシステムの産直の概要を整理しよう。パルシステムは、関東地方を中心とする 1 都 10 県にまたがる 10 の地域生協[4] を会員とする事業連合組織であり、加盟している会員生協からの業務委託[5] を受けて事業運営を行っている。パルシステムの会員組合員数は約 157.7 万人であり、年間供給高は約 1,569 億円である（2018 年度）。

　青果物に焦点を当てると、パルシステムの青果物の年間供給高は約 223 億円（2018 年度）であり、供給する青果物の全量を株式会社ジーピーエス（以下、ジーピーエス社）から仕入れている（図 5-1）。ジーピーエス社は 1992 年に設立されたパルシステムの完全子会社であり[6]、パルシステムの青果と米部門の商流と物流を担当し、商品の企画や仕入、産地開発などの役割を担っている。ジーピーエス社が調達する青果物は、約 97％が産直産地[7] から契約栽培によって調達する産直品である。残りの 3％は、青果物の不足時に JA 全農青果センターや卸売市場の仲卸業者から臨時で仕入れる青果物である。「第 10 回全国生協産直調査」（日本生活協同組合連合会 2019）によると、生協の青果の供給高に占める産直の割合（産直割合）が「90％以上」と回答した生協は全体の 11.5％であり（表 5-1）、パルシステムの青果物流通は生協の中でも産直割合が高いと

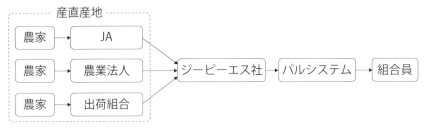

図 5-1　パルシステムの青果物流通

注：矢印は商流を示す。
資料：聞取り調査より作成。

表 5-1　生協における青果の産直割合の分布

産直割合	生協数	割合（%）
90％以上	6	11.5
80％～90％未満	0	0.0
70％～80％未満	0	0.0
60％～70％未満	0	0.0
50％～60％未満	10	19.2
40％～50％未満	2	3.8
30％～40％未満	3	5.8
20％～30％未満	5	9.6
10％～20％未満	16	30.8
10％未満	10	19.2
0％	0	0.0
合計	52	100.0

注：店舗と宅配の両方を含む。
資料：日本生活協同組合連合会（2019）より作成。

いう特徴がある。

　パルシステムが供給する青果物は栽培基準などによってブランドが分かれており、パルシステム独自の基準[8] を満たした通常の産直品（ジーピーエス社が契約栽培で調達する商品）のほかに、より高度な栽培基準などを設けたブランドとして「コア・フード」と「エコ・チャレンジ」がある。エコ・チャレンジは、化学合成農薬、化学肥料を各都道府県で定められた慣行栽培基準の 2 分の 1 以下に削減し、パルシステムの「削除目標農薬」の不使用を原則とし、さら

に除草剤や土壌くん蒸剤の不使用などの条件を満たした農産物であり、通常の産直農産物よりも厳しい栽培基準をクリアした農産物である。コア・フードは、JAS 法に定められた「有機農産物」の栽培基準に沿って栽培されている農産物、またはそれに準ずると判断された農産物であり、パルシステムのトップブランドとして位置づけられている[9]。

パルシステムの青果物の産直産地の数は 278 であり、その内訳は農協が約 35％、農業法人や出荷組合などが約 65％ となっている（パルシステム生活協同組合連合会産直部 2019）。これらの産直産地の中から、本書では、つくば市谷田農業協同組合部青壮年部産直部会（以下、「JA 谷田部産直部会」と表現する）を事例に、パルシステムの生鮮野菜流通システムにおける需給調整の方法を検討する。

JA 谷田部産直部会は 1984 年に 31 名の農家で発足した部会であり、2020 年時点で、54 名の部会員がジーピーエス社を経由してパルシステムに約 40 品目を出荷している。主な生産品目は、ねぎ、白菜、キャベツ、小松菜、トマト、菌茸類（しいたけ、しめじ、なめこ等）である。JA 谷田部産直部会では各品目に責任者が任命されており、後述するように、この責任者が需給調整の面で重要な役割を果たしている。同産直部会の年間売上高は発足以来、年々増加してきた（図 5-2）。しかしながら、東日本大震災時の原発事故の影響による菌茸類の売上減少により、近年の売上高はピーク時よりも減少しており、2019 年の売上高は約 10 億 3,000 万円である。この産直部会は、出荷先がジーピーエス社のみであるため、パルシステムの成長と共に販売額を伸ばしてきた産直産地であるといえる。

2.2. 商品企画から供給までの流れ

パルシステムの生鮮野菜流通システムにおける需給調整の方法の検討にあたり、まず、商品の企画から組合員への供給までのスケジュールを整理する。パルシステムでは、紙媒体のカタログに商品情報を掲載し[10]、組合員はカタログ情報に基づいて商品を注文するため、次のようなスケジュールが組まれている。

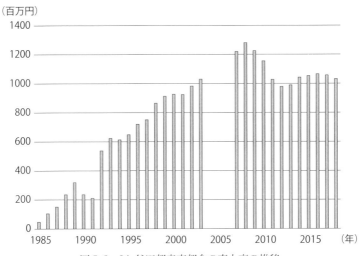

（百万円）

図 5-2　JA 谷田部産直部会の売上高の推移

注：2004 年から 2006 年のデータは未入手。
資料：JA 谷田部産直部会とパルシステムの資料と聞取り調査により作成。

　パルシステムは、組合員への商品供給の約半年前からカタログの企画を開始して、フェアなどの大枠の取り組みを決める。商品供給の約 4 カ月前の企画会議では、商品の量目や価格（たとえば、トマト 500g で 398 円）などの細かい点を決定する。約 3〜4 カ月前の企画会議の後にカタログのデータを入稿し、約 4 週間前にはカタログを印刷する[11]。ただし、5 週間前のカタログ校正時に、産直産地の作柄の状況などを勘案して、最終的に価格などを修正する。以上のスケジュールから分かるように、パルシステムでは、供給する青果物の品目や価格は基本的に組合員への供給の約 3 カ月前に決定されている。以下、商品供給の半年前、3 カ月前、1 週間前の 3 つの時期に分けて、生産と流通に関わる各主体の動きを整理する。

2.2.1.　商品供給の半年前

　パルシステムの青果物計画の基本は、春夏（4〜9 月）と秋冬（10〜3 月）の半年サイクルである。春夏の場合、10 月にパルシステムが前月まで（4〜9 月）の

販売実績を集計し、ジーピーエス社は翌年の春夏の作付け計画を開始する。作付け量は、過去の販売実績を基本にして、組合員数の伸び率や気候変動要素を加味した需要予測に基づいて決定される。

　一方、JA 谷田部産直部会では、出荷シーズン開始の半年前に各生産者が生産する品目の責任者に作付けを希望する品目と量を提示する。その数字を各品目の責任者が集計し、同産直部会の事務局がジーピーエス社に対して産直部会全体としての出荷可能数量を報告する。ジーピーエス社は自社の企画と各産直産地からの報告に基づいて、産直産地間の数量の調整を行う。この調整方法は、たとえば、産直産地 A が 1 日当たり 150 ケースの出荷を予定し、産直産地 B が 200 ケースの出荷を予定していたが、ジーピーエス社の出荷計画が 1 日当たり 300 ケースである場合に、ジーピーエス社が産直産地 A には 130 ケース、B 産地には 170 ケースの出荷を割り振り、産直産地ではそれに基づいて作付計画を変更するという方法である。

2.2.2. 商品供給の 3〜4 カ月前

　商品供給の 3〜4 カ月前には、産直産地で各生産者の畑の状況（播種、生育状況など）を確認してから、産直産地とジーピーエス社との間で、取引期間、取引数量、取引価格、規格、栽培方法などの取引条件を決定する。ジーピーエス社は、それに基づいて商品企画を作成し、パルシステムに提案する。パルシステムは、その企画を受けてカタログの企画書を作成する。たとえば、4 月発行のカタログは 12〜1 月頃に企画が開始されている。このときに、商品の規格や価格が決定される。

2.2.3. 商品供給の 1 週間前〜商品供給当日

　組合員の商品発注から商品供給までの各主体の動きは図 5-3 に示した流れになっている。出荷シーズンに入ると、まず JA 谷田部産直部会では、毎週日曜日までに生産者が集荷場の壁に貼ってある予定表（図 5-4）に翌週の日々の出荷希望数量を記入し、責任者がそれを集計する。次に、JA 谷田部産直部会の事務局がすべての品目の翌週の出荷予定量を「供給体制報告」としてまとめ、

曜日	組合員	パルシステム	ジーピーエス社	産直産地・生産者
日				翌週分の希望出荷数量を提出
月	注文			事務局がジーピーエス社に翌週分の「供給体制報告」を提出
火		受注→ジーピーエス社へ発注	→受注	
水			需給調整 各産直産地への翌週分の発注数量を決定 　各産直産地へ発注 規格変更・代替・欠品等の意思決定 →会員生協へ連絡	→受注 会議で責任者が個人の出荷量を割り振り
木 金 土				
日		産直産地から納品、セット（夜）		出荷開始
月	商品受け取り	早朝までにデポに配送、組合員へ配送		

図5-3　組合員の商品発注から商品供給までの流れ（月曜コースの場合）
資料：聞取り調査より作成。

ほうれんそう出荷表　　○月○週

氏名	土	日	月	火	水	来週の予定
A農家	230	208	212	192	210	220
B農家	120	100	100	100	100	100
C農家	80	60	60	60	70	70
D農家	260	240	240	220	230	230
E農家	40	40	40	40	40	40
計	730	648	652	612	650	

図5-4　出荷表見本
注：実際の表では手書きで数字が記入されている。
資料：現地調査より作成。

月曜日の朝までにジーピーエス社に提出する。

　他方、火曜日にパルシステムからジーピーエス社に組合員の商品発注情報が送られる。ジーピーエス社は、この受注数量と各産直産地からの「供給体制報告」に基づいて各産直産地への翌週分の最終的な発注数量を決定し、水曜日に各産直産地に発注する。

　JA谷田部産直部会では、その発注を受けて、水曜日に生産者全員が集合し、責任者が各生産者に翌週の出荷数量を割り振る。たとえば、1日200個の

出荷を予定していた生産者の出荷数量が180個に変更されるなどの調整が行われ、各生産者の翌週分の出荷数量が決定する。

　日曜日に産直産地からの出荷が始まる。産直産地で収穫された青果物は、ジーピーエス社の小分けセンターやパルシステムのセットセンターに納品され、班・個人別の箱に詰められる。このようにセットされた商品は、翌日の早朝までに各デポ（配送センター）へ配送され、当日中に各デポから組合員へ届けられる。センターに納品された青果物は、流通段階で在庫されることはなく、翌日には組合員に配送される。

3．需給調整システム

　本章の冒頭で述べたように、生協の宅配事業において、需給調整は重要な問題である。とりわけ、商品供給の3〜4カ月前に商品の規格と価格が決定され、1週間前に注文数量が確定する仕組みは、スーパーマーケットなどの実店舗販売の小売業への流通に比べて需給調整が難しい形態である。しかしながら、パルシステムの担当者によると、この期間はカタログを作成する都合上、短縮することができない。さらに、青果物流通においては、調達先や販売先を限定するほど欠品や余剰によるリスクは大きくなるため、そのリスクを軽減・分散する必要がある。これは、限られた産直産地から商品を仕入れ、組合員のみに商品を供給しているパルシステムの産直も例外ではない。そこで以下では、生協の宅配事業における需給調整システムを明らかにするために、前節で整理した商品企画から供給までの流れを踏まえながら、野菜の不足（欠品）時と余剰時におけるジーピーエス社と産直産地・生産者の対応をそれぞれ整理し、欠品と余剰のリスクの分担方法を明らかにする。

3.1. 野菜の不足時

3.1.1. ジーピーエス社による欠品への対応

　本格的な需給調整が開始されるのは、組合員からの注文数量が確定した後である。前述のように、ジーピーエス社は、組合員からの受注数量に基づいて、

各産直産地への発注数量を決定する（図5-3）。この時、産直産地の出荷予定数量よりも組合員からの受注数量の方が多く、野菜が不足する場合、ジーピーエス社が各産直産地に出荷数量を増やせるかどうかを確認し、それでも野菜が不足する場合は、「規格変更」「代替」「欠品」などの対応が取られる。以下、順に説明しよう。

　規格変更とは、1商品当たりの数量や重量を減らすことである。これは、たとえば、800g入りの人参を400g入りに変更したり、キャベツを半分に変更したり、5本入りのバナナを3本入りに変更したりして組合員に届ける方法である。規格変更の場合、商品の価格は量の減少に応じて割り引かれる。

　代替とは、出荷を予定していた産直産地以外の産地（代替産地）から野菜を仕入れて組合員に届ける方法である。コア・フードの野菜が不足する場合は、既存の取引先の産直産地から有機栽培品を仕入れて代替をする。エコ・チャレンジの野菜が不足する場合は、栽培基準がより厳しいコア・フードの商品や有機栽培商品を届ける「上位代替」も採用されている。台風などの天候により産直産地が被害を受けたときには、コア・フードやエコ・チャレンジの野菜が例外的に通常の産直品で代替されることもある。

　コア・フードやエコ・チャレンジ以外の通常の産直品の不足分はジーピーエス社の「代替基準」に基づいて補充される。この「代替基準」は次の4段階に分かれている。

　第1段階は、出荷を予定していた産直産地ではないが、他の時期に当該品目で取引がある産直産地から不足している野菜を仕入れる方法である。これは、産直産地Aから6月までの契約でほうれん草を仕入れていたが、7月に他の産直産地のほうれん草が欠品した場合に産直産地Aからほうれん草を仕入れるパターンである。

　第2段階は、不足した野菜の取引関係はないが、他の野菜での取引関係があり、今回不足した野菜の作付けがある産直産地から不足している野菜を仕入れる方法である。これは、産直産地Bで小松菜が欠品した場合に、ほうれん草で契約を交わしているが小松菜の契約を交わしていない産直産地Aから小松菜を仕入れるパターンである[12]。

写真 5-1　代替品に同梱されるカード
注：「※カタログ商品案内表示以外の産地からのお届けです」という説明文と産地が記されている。
資料：筆者撮影

　第3段階は、全農が集荷する野菜を仕入れる方法であり、第4段階は、パルシステムと協力関係にある集荷業者（仲卸業者等）が集荷する野菜を仕入れる方法である。ただし、第3段階と第4段階で仕入れる野菜は、そのときの条件（栽培方法、品質、価格）に合致するものに限られる。

　ジーピーエス社は、代替産地から仕入れる場合も、パルシステムの産直四原則のうち2つ（1. 生産者・産地が明らかであること、2. 生産方法や出荷基準が明らかで生産の履歴が分かること）を満たしており、栽培方法を確認した野菜を仕入れる。そのため、同社は、代替産地から事前に品目別栽培基準書（計画または実績）を入手し、農薬使用状況の確認を行い、組合員に対しては届けた商品が代替品であることを明示する[13]（写真 5-1）。

　規格変更や代替を実施しても野菜が不足する場合には欠品となり、消費者に当該商品が届かない。最終的に規格変更や代替などが発生する場合は、ジーピーエス社が会員生協に業務ニュースとしてその旨を連絡する。それに基づいて、各会員生協は組合員へ規格変更や代替を伝えるカードを作成し、宅配する商品に同梱することで消費者にその内容を伝える（写真 5-1）。

　以上のように、野菜が不足する場合、ジーピーエス社は上記のルールに基づいて規格変更、代替、欠品の対応を取っている。規格変更、代替、欠品はほぼ

毎日発生しているが、金額ベースで欠品率は1.71％、代替率3％と低く抑えられている。

3.1.2.　産直産地・生産者による欠品への対応

　次に、JA矢田部産直部会を事例に、産直産地・生産者による欠品への対応について検討する。生産者段階で天候不順などによって出荷予定数量に収穫数量が満たない場合、生産者は収穫できる量だけを出荷し、他の生産者や産地から野菜を調達して出荷することはしない。これを認めると産地偽装につながる可能性があるため、ジーピーエス社は産直産地に対して欠品のペナルティや商品調達義務は課していない[14]。

　また、収穫数量が出荷予定数量に満たない可能性がある生産者は、あらかじめ各品目の責任者にその旨を伝えておき、出荷の前日までに不足する数量を伝える。このとき、責任者は、予定数量よりも多めに出荷できる生産者に対して出荷量を増やすように依頼し、JA谷田部産直部会としての出荷数量を受注数量に満たすようにしている。すなわち、野菜の不足時に各生産者は自ら不足分を仕入れるなどの対応できないため、他の生産者が出荷量を増やすことによってJA谷田部産直部会としての欠品を防いでいる。最終的に野菜が不足する場合は、JA谷田部産直部会の事務局がその旨をジーピーエス社に報告する。

3.2.　野菜の余剰時

3.2.1.　ジーピーエス社による余剰への対応

　産直産地における野菜の余剰には2つのパターンがある。1つは、産直産地で1,000個の出荷予定で作付けした場合に800個しか注文が来ない場合であり、もう1つは、作柄が予定よりも進んだために産直産地で1,200個を収穫せざるを得ない場合である。つまり、需要予測よりも注文数量が少ない場合と、産直産地で計画よりも多く収穫される場合である。

　前者の場合は、可能な範囲でジーピーエス社が産直産地から買い取ってセットやサンプルなどで使用することもあるが、後述するように、余剰品に関して

は基本的に産地側が対応している。このような産地側の余剰のリスクを軽減するために、ジーピーエス社は、2007年に生産対策奨励金という制度を設けている[15]。生産対策奨励金とは、組合員からの受注数量が産直産地との契約数量の下限に満たない場合に、産直産地が申請すれば注文の不足分の金額をジーピーエス社が産直産地に支払う制度である[16]。ジーピーエス社は、作付時に産直産地と取引数量の上限数量と下限数量を決めており、発注数量がその下限数量を下回った場合、産直産地は予定していた数量を販売できなくなるため、ジーピーエス社が生産対策奨励金からその差額を支払うことによって、契約数量の下限分の取引額を産直産地に保障している。

3.2.2. 産直産地・生産者による余剰品への対応

　JA谷田部産直部会では野菜の余剰にどのように対応しているのだろうか。産直産地で野菜が余っている場合であっても、消費者の発注数量は事前に確定しているため、パルシステムは供給数量を増やすことはできない。

　組合員からの発注数量よりも産直産地の出荷予定数量が多い場合、JA谷田部産直部会では、各品目の責任者が各生産者の出荷量を減らして調整する[17]。そのため、余剰分は基本的に生産者が畑で処分している。たとえば農家Aは、「出荷できるのは7〜8割くらい」、農家Bは「多いときは2割くらい廃棄している」という[18]。しかしながら、JA谷田部産直部会での聞取り調査によると、多くの生産者間で調整していることに加えて、パルシステムの組合員数と供給高が年々増加し、取引額が増えているため、個別農家の損失は大きくないという。

　また、生産者には余剰分の野菜を卸売市場等に出荷することが認められているが、卸売市場に出荷するためには新たな手間と経費が必要となる。つまり、卸売市場に出荷するためには、生産者は、規格を揃えたり、箱詰めや袋詰めをしたりする必要があり、さらにダンボール代や市場手数料などの出荷経費がかかる。加えて、パルシステムに出荷する野菜は、外観の綺麗さよりも生産方法（たとえば、農薬や化学肥料の使用量削減）に重点が置かれているために、卸売市場に出荷した野菜の外観が悪い場合は低価格で取引され、さらに野菜の余剰時

は相場が低いことが多いため、卸売市場に出荷しても農家にとっては赤字となる可能性がある。たとえば農家Cは「余った分を市場に出荷するのは自由だが、手がかかるのでやっていない」という。

3.3.　欠品と余剰を防ぐ工夫

　上記のような野菜の欠品と余剰への対応に加えて、生産と流通に関わる各主体は、欠品や余剰のリスクを減らす工夫を行っている。以下、パルシステム、ジーピーエス社、ならびに産地段階での欠品と余剰のリスク軽減の取り組みを整理しよう。

3.3.1.　パルシステムの工夫

　パルシステムは、商品の欠品を防ぐために、事前の対応を施している。その対応は、たとえば、台風や天候によって野菜の出荷が少なくなると見込める時期については、商品企画の時点で、商品規格を変更して商品当たりの容量を減らしたり、カタログ掲載価格を上げて組合員からの注文数量を抑える事である。逆に、野菜の出荷量が多く見込める時期には、カタログ掲載価格を下げて組合員からの注文数量が増えるような対応が施されている。たとえば、198円の商品を168円にしたり、208円にしたりすることによって販売数量の調整が図られている。

　野菜の余剰に関しては、「もったいないグリーンセット」という商品によっても対応がなされている。これは、パルシステムの産直産地で栽培された野菜や菌茸類のなかから豊作で余剰品となったものをセットで届ける商品である[19]。この商品は登録制であり、約1万5,000人の組合員が登録している。組合員は事前に届く野菜の情報を得られないが、通常350円から400円程度の商品が298円で届けられる。

3.3.2.　ジーピーエス社の工夫

　ジーピーエス社は、欠品や余剰のリスクを軽減するために、同一時期の同一品目であっても複数の産直産地と取引をしている。作付け計画段階における同

社の基本的な方針は次の通りである。たとえば、ジーピーエス社が1日当たり1万8,000個のキャベツの需要を予測した場合、1万8,000個を1カ所の産直産地で作付けるのではなく、6カ所の産直産地で3,000個ずつ出荷できるように作付けする。さらに各産直産地では、3戸の農家が1,000個ずつ作付けるのではなく、30戸の農家が100個ずつ出荷できるように作付けする。これは、1,000個の出荷を予定していた農家が1,500個を出荷することよりも、100個の出荷を予定していた農家が150個を出荷する方が容易であり、100個の出荷を予定していた農家の出荷数量が50個に減っても、1,000個出荷する予定の農家の出荷数量が500個に減ったときの損失よりは少ないという考え方に基づいている。すなわち、ジーピーエス社は、同一時期に多数の産直産地と取引することによって、欠品や余剰のリスクを分散しようとしているのである。

　また、ジーピーエス社は、出荷規格を緩やかにしており、このことは欠品の防止にもつながっている。たとえば、春人参の出荷基準は、1本当たり70〜400gであり、1袋500gの商品の場合は、2〜5本で500gである。こうした緩やかな規格は、様々な形や大きさの野菜を出荷することを可能にし、畑から出荷可能となる野菜の割合を上げるため、欠品の削減に寄与している。さらにジーピーエス社は、収穫数量が少ないと予想される時期には、仕入規格の重量基準を下げることによって、出荷できる野菜が増えるように対応している。たとえばキャベツでは、シーズン毎に1玉当たりの重量の上限と下限が設定されており、収穫量が不足する時期には、その下限を下げることで畑から出荷できるキャベツの量を増やせるようにしている。

3.3.3. 産地段階での工夫
　JA谷田部産直部会では欠品を防ぐために2つの対応が取られている。1つ目は、各品目を複数の農家で生産することである。この方法によって、JA谷田部産直部会は、個別農家の不足分を他の農家で補う体制をとっている。その結果、同産直部会の各農家はそれぞれ数品目から十数品目の複数品目の野菜を生産している。このことは個別農家のリスク分散にもつながっている。すなわち、農家の生産品目が1つの場合、その品目の注文数量が少ない場合の収入減

少リスクが大きくなるが、複数の品目を生産することによって、ある品目の注文数量が予定より少なくても他の品目があるために収入減少の幅を抑えられる。

　2つ目は、余剰作付けである。JA谷田部産直部会の農家は欠品を回避するために2～3割程度の余剰作付けをしている。この余剰作付けは、予定数量よりも注文数量が多い場合にも対応できる体制にもつながっている。以上のような体制であるため、JA矢田部産直部会としての欠品は年に数回程度しかないという。

3.4.　各段階におけるリスク分担

　これまでに整理してきた需給調整の仕組みに基づいて、需要と供給の不一致から発生するリスクが生産から消費の段階でどのように分担されているのかを検討する。

　まず、前述のように、余剰については基本的に産地側で対応されており、生産者が余剰のリスクを負っているが、2007年からは「生産対策奨励金」の制度によってジーピーエス社もリスクを負担し始めている。一方、消費者は余剰品を追加注文で購入することはできないため、直接は余剰のリスクを負っていない。

　他方、欠品のリスクはジーピーエス社と消費者で分担されている。産直産地は、欠品時にペナルティや代替商品調達などの義務は課されていないため、欠品のリスクを負っていない。ジーピーエス社は、代替品を仕入れるときに、組合員への供給価格よりも高値で野菜を仕入れて販売することもある点で欠品のリスクを負っている。つまり、欠品時は全国的にその品目が不足して卸売市場相場が高い場合が多いが、組合員への供給価格は商品供給の3～4カ月前のカタログを作成する時点で決定されており、5週間前に校了した後は変更できない。それゆえ、ジーピーエス社は、300円で仕入れたキャベツを168円で供給する場合もある。この差額は、ジーピーエス社の利益の中から予算化されている資金によって負担されている。

　一方、代替によって異なる産地の商品が届いたり、規格変更や欠品によって

注文した商品が届かないことは、消費者も欠品のリスクを負担していると理解できる。パルシステムでは、規格変更は毎月発生しているが、代替は金額ベースで年間約3％程度であり、欠品は1.71％程度である。また、代替や欠品などは、すべての組合員に同時に適応されるのではなく、不足する数量に応じて、単位生協ごとに代替や欠品などが実行される。つまり、ある商品が不足した場合に、たとえば、パルシステムの会員生協のA生協の組合員には規格変更で届けるが、B生協の組合員は欠品にするなどの対応がとられる。そのため、個々の消費者としては欠品や代替などの頻度は多くなく、組合員全体で欠品のリスクが分散されているといえる。このように、代替や規格変更、欠品を組合員が受容することが生協の宅配事業の生鮮野菜流通システムを支えることにつながっている。

　以上のように、生協の宅配事業では、カタログ印刷のために商品企画（野菜の産地、規格、価格など）が供給の3～4カ月前に決定され、納品の1週間前に消費者の注文数量が確定するがゆえに増大する欠品と余剰のリスクを産直産地・生産者、ジーピーエス社、消費者の3者で相互に分担し合うことによって、生鮮野菜流通システムが成立している。

4．小括

　本章では、パルシステムを事例に生協の宅配事業における生鮮野菜の需給調整システムを検討してきた。最後に、本書で取り上げた事例と店舗型販売であるスーパーマーケットの契約栽培の事例（本書第2章、池田（2005））とを比較検討し、生協の宅配事業における生鮮野菜流通システムの特徴を明らかにする。

　スーパーマーケットのような店舗販売では、契約栽培先の生産者組織の欠品に関しては、卸売市場等から野菜を調達することによって売り場の棚を埋めることができる。逆に、契約栽培先の余剰に対しては、スーパーマーケットは卸売市場から調達する野菜の数量を減らして、契約栽培先の野菜を多めに仕入れたり、販売価格を下げて販売量を増やしたりするなどして、産地側の余剰に対応することも可能である。さらに、店舗販売では、消費者は店舗で商品を選ぶ

ため、契約栽培のキャベツが欠品していても、その場で他のキャベツや野菜を購入するなど、消費者は商品の選択に関して柔軟な対応を取ることができる。

　一方、生協の宅配事業は、商品の規格や価格などが 3〜4 カ月前に決定する仕組みであることに加えて、消費者は商品を手にする 1 週間前に購買を決定しているため、実店舗での買い物行動のような柔軟な対応を取ることはできない。そのため、生協の宅配事業は店舗販売の流通システムよりも欠品や余剰が発生しやすい構造を持っている。パルシステムの宅配事業では、本書で明らかにしたリスク分担方法で生鮮野菜流通システムを成立させているが、余剰のリスクは価格へ転嫁される可能性も含んでいるため、この生鮮野菜流通システムを継続していくためには、生産―流通―消費のどこかの段階で余剰品を活用する仕組みを取り入れる必要がある。しかしながら、パルシステムの担当者によると、余剰品は数量が安定しないため活用が難しいという。

　前述のように、生協ごとに産直比率は異なり（表 5-1）、パルシステムは他の生協に比べると産直比率が高いという特徴を持つ。この産直比率の差異によって需給調整システムに違いがある可能性がある。たとえば、複数の青果物専門流通業者から青果物を仕入れている生協は別の方法で需給調整を行っているかもしれない。しかしながら、生協の宅配事業は、カタログを発行して消費者から注文を受ける仕組みであり、商品の企画から供給まで長い期間を要するという流通の特徴はパルシステムと共通している。その点で本章の事例は、生協の宅配事業の生鮮野菜流通システムの特徴を示しているといえる。

　また、産地側に着目すると、パルシステムの産直産地は全国で 278 であり、様々な産直産地が存在する。本書で取り上げた JA 谷田部産直部会の事例は、取引先がジーピーエス社のみであり、他の販路を有していない産直産地であるため、必ずしもパルシステムの産直産地の全ての特徴を表現するものではない。たとえば、ジーピーエス社と取引がある群馬県の産直産地である「野菜くらぶ」は、外食チェーンや加工業者、小売業者などの複数の販路を有してリスク分散を行っている（第 3 章）。ジーピーエス社以外に販路を持たない産直産地は、複数の販路を持つ産直産地よりもリスクが大きくなるため、JA 谷田部産直部会の事例は、最もリスクが高い中での対応を表現している事例であると

いえる。

　以上の理由から、本章で取り上げた生協の宅配事業の事例は、食品宅配事業において、欠品や余剰のリスクが高い生鮮野菜流通システムの成立メカニズムを示しているといえる。

注

1)　生協には、店舗事業と無店舗事業があり、さらに無店舗事業には共同購入（グループ購入）とステーション購入、個配（個人配達）がある。

2)　生協の場合は、「販売」ではなく「供給」である。

3)　野見山（1997）は、生協の産直流通における課題として、数量調整と過剰対策を取り上げ、数量調整に関わるリスクを生産者側が一方的に負っていることを指摘している。さらに大規模生協の多くが、品揃えや数量調整の機能を持つ卸売市場を利用した産直や青果物仕入れを実践していることを指摘している。

4)　パルシステムの会員生協は、パルシステム東京、パルシステム神奈川、パルシステム千葉、パルシステム埼玉、パルシステム茨城 栃木、パルシステム山梨、パルシステム群馬、パルシステム福島、パルシステム静岡、パルシステム新潟ときめきの10生協である。

5)　パルシステムのウェブサイトによると、主な業務内容は、①商品の取扱い企画、開発、改善、中止及び廃止、供給価格等諸事項の決定及び商品案内作成の業務、②統一企画商品の仕入取引口座の開設、廃止及び契約更新に関する決定、③統一企画商品の仕入条件（品名、規格、仕入価格、支払条件、方法、発注及び納品方法、その他仕入取引に付帯する事項）についての決定、④統一企画商品仕入先の指導、管理及び交渉に関する事項、⑤統一企画商品の個人別仕分けとそれに付随する仕分け・保管業務、⑥セットセンターにおいて仕分けされた統一企画商品を会員生協のセンターまでの配送業務、⑦統一企画商品の個人別仕分けとそれにかかわる仕分け業務及び受発注に必要な情報処理の業務、⑧無店舗事業にかかわる情報処理業務の改善及び今後の運用計画に関する立案、等である。

6)　パルシステムの担当者によると、ジーピーエス社を設立した目的は、外部に委託していた青果物の商流と物流を一体化して内部化すること、青果物の専門家を育てること、販路を広げること、などである。

7)　パルシステムでは、産直協定を結んだ産地の生産者組織等を「産直産地」と呼び、「産直産地」には、農協（JA）や農業法人、出荷組合などが含まれる。本章ではこの表現に倣って、これらの生産者組織を「産直産地」と表現する。

8)　パルシステムの産直が目指す四原則を満たした青果物であり、それらは「1. 生産者・産地が明らかであること、2. 生産方法や出荷基準が明らかで生産の履歴がわかること、3. 環境保全型・資源循環型農業をめざしていること、4. 生産者と組合員相互の交流ができること」である（パルシステム生活協同組合連合会産直部 2019）。

9)　パルシステム生活協同組合連合会産政政策室交流課編（2010）より。

10)　現在は、インターネットのサイトやアプリからカタログを閲覧して注文することもできる。

11）パルシステム提供資料より。

12）他の生協と取引関係のある産地からの仕入れも第2段階に位置づけられている。

13）パルシステム生活協同組合連合会産直事業部編（2008）より。

14）パルシステム生活協同組合連合会21世紀型生協研究機構編（2008）より。

15）パルシステム生活協同組合連合会21世紀型生協研究機構編（2008）より。

16）この制度は、コア・フードとエコ・チャレンジに該当する農産物を対象としている。1つの産直産地あたりの上限は200万円である。2018年度は11の産直産地が申請をしたが、取引数量の下限を下回っても申請しない産直産地もある。この申請は毎年2月に行われる。

17）この場合、各生産者の出荷数量を一律に減らしたり、作柄が進んでいる生産者のものを優先して出荷したりするなどの判断は責任者に任されている。

18）このように畑での廃棄が多い理由のひとつは、後述するように、欠品対策のために余剰作付けをしているためであると考えられる。

19）パルシステムのウェブサイトより https://information.pal-system.co.jp/item/170412-mottainaigreen/（2020年3月25日閲覧）。

第6章　消費者向けカット野菜の流通特性

1．はじめに

1.1．本章の目的

　近年の生鮮野菜流通における小売業界や消費の変化の1つとして、消費者向けカット野菜の市場拡大が挙げられる。総務省の『家計調査』によると、家計における「生鮮野菜」の購入金額は減少傾向にある一方で、2009年以降、「サラダ」の購入金額は急激に伸びている（農林水産省2019b）。さらに、独立行政法人農畜産業推進機構（2019）のPOSデータ調査によると、カット野菜（サラダ）の千人当たり販売金額は、2009年の795円から2018年の3,185円へと約4倍に増加している。こうした消費者向けカット野菜の需要拡大という流通の川下側の需要の変化は、川上側の企業や産地・生産者に影響を与え、その結果、新たな生鮮野菜流通システムが構築されていると考えられる。

　消費のあり方や小売業の変化といった流通の川下側の変化が川上側にどのようなメカニズムで影響を与え、それに対して川上側がどのように対応しているのかを明らかにすることは、今後の生鮮野菜流通システムの再構築を理解していくうえで重要となる。以上を踏まえて、本章では、消費者向けカット野菜の流通を研究対象として、その流通における川下側から川上側に影響を与えるメカニズムを検討し、その結果として構築された生鮮野菜流通システムの特性を明らかにすることを目的とする。

　カット野菜の流通に関する既存研究[1]は、外食企業や加工食品企業向けの加工・業務用野菜の分析が中心となっており「小売向け」の視点と各主体間の影響に関する研究は蓄積されていない。消費者向けカット野菜の流通特性を明らかにするためには、カット野菜の商品特性を踏えたうえで、各主体間の影響

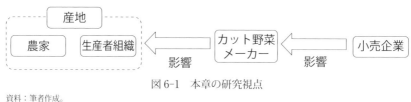

図 6-1　本章の研究視点

資料：筆者作成。

とそのメカニズムを明らかにする必要がある。そこで本書では、図 6-1 に示すように、消費者向けカット野菜の流通システムに対して、小売企業からカット野菜メーカーへの影響、カット野菜メーカーから産地側への影響についてそれぞれ検討する。

1.2.　研究対象

　消費者向けカット野菜は、加工・業務用野菜の 1 つに位置づけられる。加工・業務用野菜には、小売店舗で販売される消費者向けの野菜の他に外食企業向けの野菜や食品製造業者向けの野菜などの様々な用途のものがある。消費者向けカット野菜は、加工用と生食用に分けられる。加工用カット野菜は調理を前提とした商品であり、生食用はそのまま調理等をせずに食べることができるカット野菜である。

　本章では、消費者向けカット野菜の中でも、袋詰めのカット野菜を研究対象とする。これは、カットされた生鮮野菜がビニール袋に入れられていて、袋から出してそのまま食べることができる商品である。消費者向けの袋詰めカット野菜は、コンシューマー向けパックサラダ、パッケージサラダ、袋サラダ等とも呼ばれる。生食用カット野菜にはカップ詰めの商品も存在するが、カップ詰めのサラダは野菜以外の食材も入っている商品もあり、袋詰めカット野菜よりも商品の種類が多様である。そのため本書では、カット野菜の流通特性の本質を明らかにするため、よりシンプルな商品である消費者向けの袋詰めカット野菜（以下、「カット野菜」と表現する）を研究対象とした。

　表 6-1 は研究対象企業の概要を示したものである。研究対象企業の選定にあたっては、全国規模のメーカー（A 社、B 社）と、特定の地域のみを営業範囲

表6-1　研究対象企業の概要

企業名	業種	本社所在地	設立年	従業員数	資本金	カット野菜導入年	年間売上高（カット野菜）	営業の地域スケールによる位置づけ	企業タイプによる類型
A社	カット野菜メーカー	東京都	1999年	1,059名	3億円	1999年	276億円	全国（自社＋委託）	カット野菜メーカー
B社	仲卸業	神奈川県	1969年	444名	4.3億円	1994年	約195億円	全国（自社＋委託）	仲卸業からの参入
C社	もやし・カット野菜メーカー	茨城県	1971年	700名	2,000万円	1978年	66億円	関東地方	もやしメーカーからの参入
D社	卸売業	岡山県	1946年	280名	2,700万円	1998年	41億円	中国四国地方	卸売業からの参入
E社	カット野菜メーカー	広島県	2013年	150名	2億円	2013年	24億円	中国四国地方	漬物メーカーからの参入
F農協	農協	三重県	2006年	128名	12億円	2006年	12億円	中部地方	農協からの参入

注：データは、聞取り調査時点（2018年）の直近の値。
資料：聞取り調査、各社ウェブサイトにより作成。

とするローカルなメーカーを選定し、ローカルなメーカーは、関東地方のメーカー（C社）と地方都市のメーカー（D社、E社、F農協）を選定した。また、カット野菜のメーカーには様々なタイプの企業が存在するため、カット野菜専業のメーカーのみならず、異業種から参入したメーカーも研究対象企業とし、背景が異なるメーカーを複数選定した。本研究においては、これらのカット野菜メーカーにカット野菜の原料野菜を供給する青果物専門流通業者や産地の生産者組織（農協、農業法人、出荷組合など）、農家に対しても聞取り調査を実施した。なお、聞取り調査は、2018年8〜12月にかけて実施した。

2．消費者向けカット野菜の流通形態

　具体的な分析に先立ち、まず、消費者向けカット野菜の流通形態を検討する。カット野菜メーカーの原料野菜の調達先をみると、基本的に1つの仕入先から原料野菜の大部分を調達する企業と、仕入先を分散させている企業に大別できる。本書では、前者を「仕入先集約型」（図6-2）、後者を「仕入先分散型」（図6-3）と呼ぶ。

　「仕入先集約型」では、カット野菜メーカーは、原料野菜の直接的な仕入先を1社に集約するか、1社から仕入れ量の大部分を仕入れ、産地の生産者組織や生産者との交渉、仕入れ、需給調整、物流などの機能をその1社に委託する。たとえば、A社の場合は、A社に原料野菜を供給するために立ち上げられた青果物専門流通業者G社から野菜の使用量の約7割を仕入れ、残りの3割は卸売市場の卸売業者の子会社を経由して仕入れている。G社は、約400の生産者組織から契約栽培によって原料野菜を仕入れている。一方、E社は、福岡県の卸売市場の卸売業者H社から原料野菜の全量を仕入れている。この卸売業者H社が、E社からの注文に応じてE社の契約栽培先の生産者組織から野菜を調達している。

　「仕入先分散型」では、カット野菜メーカーは、原料野菜の仕入先を1社に依存せずに、複数に分散している。たとえば、B社は、原料野菜の仕入先の割

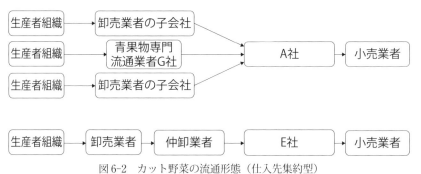

図6-2　カット野菜の流通形態（仕入先集約型）

注：矢印は商流を示す。「生産者組織」は、カット野菜メーカーと契約栽培を実施している農業法人や出荷組合、農協などを示す。
資料：聞取り調査により作成。

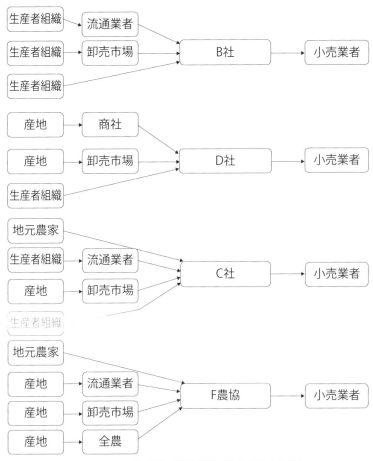

図6-3　カット野菜の流通形態（仕入れ先分散型）

注：「流通業者」は青果物専門流通業者を示す。矢印は商流を示す。「生産者組織」は、カット野菜メー
　　カーと契約栽培を実施している農業法人や出荷組合、農協などを示す。
　　「産地」は契約栽培先以外の産地を示す。
資料：聞取り調査により作成。

合が、卸売市場が約2割、農協が約1割、約20カ所の契約栽培先が約7割と
分散しており、特定の仕入先に依存していない。一方、D社は、卸売市場の卸
売業者が立ち上げたカット野菜メーカーであるため、原料野菜の仕入量の
55％は卸売市場経由の仕入れであり、25％が83カ所の契約栽培先の生産者組

織、20％が商社からの仕入れである。一方、C社とF農協も青果物流通業者などの多様な仕入れ先から原料野菜を調達している。たとえばC社の原料野菜の仕入先の割合は、複数の専門流通業者や産地商人から仕入れる量が約5割、生産者から直接仕入れる量が約4割で、残りの1割が卸売市場からの仕入れ量となっている。C社は、通常時は卸売市場からの仕入れはしないが、原料野菜の不足時に卸売市場から仕入れる。両社の特徴は、地元の農家からは直接仕入れている点である。C社が立地する茨城県は野菜の大産地でもあるため、カット野菜工場に直接納品できる近隣の農家からは直接仕入れている。同様に、F農協は地元の組合員からは直接仕入れている。

　また、F農協以外の事例において、青果物流通業者等を通じて仕入れる場合も含めて、カット野菜メーカーは産地の生産者組織と契約栽培を実施している。契約栽培先以外から調達される原料野菜は、卸売市場流通品や原料野菜の不足時に緊急で調達される野菜などである。

3．加工特性による川上側への影響

　カット野菜の流通は、農家と小売企業との間にカット野菜メーカーが入り、カット野菜メーカーにおいて加工工程（カット、洗浄、殺菌、袋詰めなど）が入るため、小売向けのホールの生鮮野菜の流通とは大きく異なる。本節では、カット野菜の加工特性から生じる川上側への影響を検討する。以下、カット野菜において使用量が多いキャベツとレタスを事例に検討を進めていく。

3.1. 原料野菜の規格の特徴

　聞取り調査を実施したカット野菜メーカーは、いずれの企業も作業効率と原料野菜の歩留まりを重視している。まず、作業効率の向上は人件費などのコスト削減につながる。たとえば、10kgのキャベツを加工する場合、6玉で10kgの場合と8玉で10kgの場合を比較すると、6玉の方が外葉を剥いたり芯を抜いたりする作業の回数が少なくなるため、加工時間が短縮される。

　加えて、仕入れた原料野菜のうち商品化できる重量の割合（歩留まり）も重視されている。キャベツやレタスは小さい玉よりも大きい玉の方が歩留まりが

表6-2 カット野菜メーカーの仕入規格

企業名	キャベツ	レタス
A 社	6玉～8玉（10kg）	12玉（8kg）
B 社	6玉（10kg）	12玉（7.5～8kg）
C 社	6玉～8玉（10kg）	12～14玉（8kg）
D 社	4玉～8玉（10kg）	12～16玉（8kg）
E 社	6玉（10kg）	8玉～10玉（8kg）
F 農協	1玉1kg以上	8玉～14玉（約7.5kg）
小売向け	8玉	16玉

資料：聞取り調査により作成。
注：1ケース当たりの個数と重量（括弧内は重量基準）。
　　小売向けは産地によって異なる。

高くなる。たとえば、10kgのキャベツから作られる商品の重量が8kg（歩留率80%）の場合と7kg（歩留率70%）の場合を比べると、8kgの方がカット野菜の商品重量あたりの原料コストは低くなる。たとえば、キャベツの品種に関しては、春系キャベツよりも寒玉系キャベツの方が葉が硬いため、加工しやすく歩留まりが高い。そのため、カット野菜メーカーは寒玉系キャベツを産地側に求めている。カット野菜メーカーでは、1日当たりの加工量が数トンとなるため、歩留まりの差が商品重量当たりの原料コストに大きく影響する。さらに、原料野菜の歩留まりが低くなると、生産を計画していた商品の量に対して野菜が不足することになるため、歩留まりの高さが重視される。

　これらのことから、カット野菜メーカーの仕入規格は、小売向けのホールの生鮮野菜よりも大きめとなっている。表6-2は、カット野菜メーカーのキャベツとレタスの仕入規格を示したものである。表中の玉数は1ケース当たりの入数であるため、この数値が小さい方が1玉当たりのサイズが大きくなる。小売向けのキャベツは、一般的に8玉サイズが多いが、カット野菜メーカーの仕入規格は4～8玉程度であり、小売向けキャベツよりも大きな規格となっている。レタスも同様にカット野菜メーカーの仕入規格の方が小売向け規格よりも大きい。

　このような原料野菜の規格の特徴から生じる川上側への影響として、大きめのサイズ野菜を収穫するための対応が必要とされている点が指摘できる（坂ほ

か 2010)。カット野菜の原料野菜を生産している農家への聞取り調査によると、農家は、大きめのキャベツやレタスを作るために、適した品種選定をしたり、株間を空けて生産したりしている。

3.2. 原料野菜の納品形態の特徴

スーパーマーケットなどで販売される小売向けのホール野菜は、外観（見た目）の良さや大きさの統一性が重視される。他方、カット野菜の原料野菜は、工場でカットされるため、外観の良さや大きさの統一性などは小売向けの野菜と同様には求められない。そのため、カット野菜メーカーは、原料野菜の仕入れにあたっては、野菜の外観や大きさの不揃いもある程度許容している。様々な大きさの野菜を混ぜて出荷するいわゆる「混み規格」を認めているカット野菜メーカーもある。このように納品する野菜の大きさの差が認められることは、産地の生産者にとっては、収穫や規格ごとに野菜を分ける出荷調整の作業が軽減されることにつながる。

カット野菜メーカーへの野菜の納品形態に関しては、聞取り調査を実施したいずれの企業も、段ボール箱、プラスチックコンテナ、鉄コンテナを併用している[2]。ダンボール箱とプラスチックコンテナは小売向けの納品でも使用されるが、鉄コンテナは加工・業務用野菜の独自の納品形態といえる。

カット野菜メーカーは原料野菜をカットして、重量単位で袋詰めをして商品化する。すなわち、小売向けのホールの生鮮野菜は、基本的に個数単位で商品化されるが、カット野菜は1袋あたり100gや160gなどの重量単位で商品化されるため、カット野菜の原料野菜は個数やケース単位での取引ではなく、重量単位で取引されている。そのため、カット野菜メーカーに対して野菜の個数を問わない鉄コンテナでの納品が可能となる。

鉄コンテナを利用することには、野菜の生産者にとってもカット野菜メーカーにとってもメリットが存在する。野菜の生産者にとっては、鉄コンテナの利用料が必要となるが、段ボール箱を組み立てる手間が省け、段ボール箱の購入費が削減される。さらに、生産者は畑で収穫したキャベツをそのまま鉄コンテナに積み、そのまま出荷することができる。たとえば、キャベツの場合、鉄

コンテナ1つ分の量のキャベツ（300kg）を、1箱あたり10kg入るダンボール箱で出荷する場合は、30箱が必要となる。すなわち、生産者はダンボール箱を30箱組み立て、さらにそれぞれの箱にキャベツを詰める作業が必要となる。カット野菜メーカーが鉄コンテナを使用するメリットは、納品された野菜の計量や荷受作業、段ボール箱の廃棄などの作業の効率化や段ボール廃棄コストの削減などである。以上のように、鉄コンテナを利用することは、野菜の生産者とカット野菜メーカー[3]にとって作業が効率化され、その分のコストが抑えられるメリットがある。

4．商品特性による川上側への影響

　本節では、カット野菜の商品特性から生じる流通の川上側への影響を検討する。カット野菜メーカーへの聞取り調査の結果、カット野菜の商品特性として、①加工後の消費期限が短い、②商品の価値が生鮮野菜と異なる、③小売価格が一定である、④安定供給が求められる、の4つが指摘できる。それぞれの川上側への影響について、以下で詳細に検討する。

4.1．加工後の消費期限が短い

　カット野菜の消費期限は、加工日に加えて、約3日間である。このように消費期限が短い商品であるため、カット野菜は加工後に少しでも早く店舗に陳列される必要がある。そのため、カット野菜メーカーは、加工日に出荷し、翌朝までに小売企業に納品する事が必須となる。このことから、カット野菜メーカーは工場から納品できる範囲、すなわち商品の流通範囲が限定される[4]。表6-3は、各カット野菜メーカーの自社工場の立地と販売先の地理的範囲を示したものである。A社とB社は全国に商品を販売しているが、C社、D社、E社、F農協は、自社工場周辺の地域に商品の流通範囲が限定されている。

　A社とB社は、どのように自社商品を全国に流通させることを可能にしているのだろうか。A社は、全国に7カ所に自社工場を持ち、さらに、生産を委託している工場が全国に7カ所[5]ある。一方、B社は、自社工場を関東地方のみに持つが、全国各地のカット野菜メーカーに生産を委託することによっ

表6-3　カット野菜メーカーの工場立地と販売先の地理的範囲

企業名	本社所在地	自社工場の立地	販売先地域
A 社	東京都	茨城県、東京都、静岡県、兵庫県、岡山県、広島県、佐賀県	全国
B 社	神奈川県	埼玉県、東京都、神奈川県	全国
C 社	茨城県	茨城県	関東全都県
D 社	岡山県	岡山県	中国、四国、近畿
E 社	広島県	広島県	近畿、中国、四国、九州
F 農協	三重県	三重県	中部、関西

資料：聞取り調査より作成。

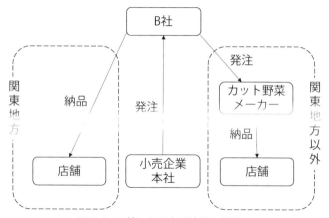

図6-4　B 社による全国流通の仕組み
資料：聞取り調査により作成。

て、全国に自社商品を流通させることを可能にしている。B 社は、店舗を全国
展開する小売企業と取引をする場合、B 社が小売企業の本社と商談をして、小
売企業から注文を受け、その注文を元に各地域のカット野菜メーカーに商品の
生産と納品を委託する。各地域のカット野菜メーカーは、B 社から委託された
商品を生産し、地元の小売店舗に納品する（図6-4）[6]。この体制によって、B
社は全国展開する小売企業と取引をすることが可能となり、委託先のカット野
菜メーカーは全国展開する小売企業の地元の店舗に納品することが可能とな

る。他方、小売企業は、全国各地のカット野菜メーカーと取引をしなくても、B社と取引をすれば全国の店舗に納品が可能となる。以上のように、この形態は、B社、各地域のカット野菜メーカー、小売企業の3者にとってメリットのある形となっている。

　一方、C社、D社、E社、F農協は、工場が本社周辺のみであり、他の工場への生産委託をしていないため、販売地域が工場周辺の地域に限定されている。このように、カット野菜の消費期限が短いという商品特性は、カット野菜メーカーの販売地域を制限することにつながり、カット野菜メーカーが広域に商品を流通させるためには、自社工場を各地に持つか、他地域のカット野菜メーカーに商品生産と納品を委託する必要がある。

4.2.　商品の価値がホール野菜と異なる

　カット野菜の商品価値はホール野菜と異なる。表6-4は、独立行政法人農畜産業推進機構による生食用簡便野菜[7]の利用理由に関する調査結果である。この調査における「生食用簡便野菜」は本研究で対象としている袋詰めのカット野菜に加えて、カップ詰めのカット野菜も含まれているが、味付きのカット野菜やキット野菜などは含まれていない。この調査によると、生食用簡便野菜の利用理由は、「家庭での調理時間を節約できるから」「生鮮品を使用して調理すると1回で使い切れないから」と回答した人の割合が高く、「安心・安全だ

表6-4　生食用簡便野菜の利用理由

生食用簡便野菜の利用理由	回答者割合（％）
家庭での調理時間を節約できるから	63.6
生鮮品を使用して調理すると1回で使い切れないから	40.4
好きなものを選んで購入できるから	19.2
ゴミが出ないから	17.1
栄養のバランスが取れているから	11.8
安全・安心だから	3.5
その他	2.9

n=1,457

注：複数回答可
資料：独立行政法人農畜産業推進機構（2016）より作成。

表6-5　契約栽培先となるための条件と自社独自の栽培基準

企業名	契約栽培先となるための条件	自社独自の栽培基準
A社	受け入れ指標（原料規格の大きさ、数量、単価など）に合っていること。産地からコールドチェーンが確立していること。	なし
B社	大きな条件はない。品質と数量と価格の約束ができること。物流がコスト的に可能であること。栽培履歴を管理していること。	なし
C社	農薬の使用基準を守ること。計画、実績も出荷前に提出する。指定のサイズで納品ができること。納品形態の要望へに対応ができること。	なし
D社	定時、定量、定品質、定価格が実行できること。	なし
E社	栽培管理ができていること。	なし
F農協	特に条件はない。	なし

資料：聞取り調査により作成。

から」と回答した人の割合は低い。このことから、消費者にとってのカット野菜の価値は、「調理時間の節約」や「適度な量」であり、カット野菜には、減農薬・減化学肥料、生産者の顔が見える安心などの原料野菜の高付加価値化は求められていないと考えられる[8]。

　このことは、カット野菜メーカーが契約栽培先に求めている内容からも分かる。表6-5は、各カット野菜メーカー各社の契約栽培先となるための条件と原料野菜の自社独自の栽培基準の有無を示したものである。この表によると、契約栽培先には農薬や化学肥料の使用量を減らしたりする各メーカー独自の栽培基準は求められておらず、原料野菜の高付加価値化よりも、野菜の規格や数量、納品形態などの形式的な条件が求められていることが分かる。カット野菜メーカーは、契約栽培先に対して自社独自の栽培基準を求めていないため、後述するように、原料野菜の不足時に海外の産地を含む様々な産地から原料野菜を調達することが可能となる。

　以上のように、カット野菜に求められている商品価値が、カット野菜メーカーが栽培先に求める条件や栽培基準に影響している。

4.3.　小売価格が一定である

　カット野菜メーカー各社への聞取り調査によると、カット野菜の小売価格は、ホールの生鮮野菜の小売価格とは異なり、一定である。図6-5 は、全国展開する大手スーパーマーケット（I 社）と関東地方のローカルなスーパーマーケット（J 社）のとある店舗におけるカット野菜（キャベツとレタス）と生鮮野菜のホールのキャベツとレタスの価格の推移（2019 年 8 月 5 日〜9 月 16 日）を示したものである。I 社では、カットキャベツは 100 円、カットレタスは 200 円に価格が固定され、J 社では、カットキャベツとカットレタスの価格は両方とも 100 円に固定されている。この図から、生鮮野菜のホールのキャベツとレタスは小売価格が変動するのに対して、カット野菜の価格は一定であることが分かる [9]。ホールの生鮮野菜は卸売市場相場の変動に小売価格が影響されたり、特売によって小売価格が変動するが、カット野菜の小売価格は卸売市場相場に影響されない。

　野菜の卸売市場相場が上昇してもカット野菜の小売価格が上がらないことは、カット野菜メーカーから小売企業への卸売価格も上げられないことを意味する。そのため、カット野菜メーカーは、野菜の卸売市場相場が高騰しても赤字にならないように一定のコストで原料野菜を調達する必要がある。

　さらに、カット野菜の小売価格が一定であることは、小売企業からカット野菜メーカーへの商品の発注数量にも影響する。聞取り調査を実施したカット野菜メーカーの全社が、野菜の卸売市場相場が上昇すると小売企業からのカット野菜の発注数量が増えるという。すなわち、野菜の卸売市場相場が高いときは、小売店舗における生鮮野菜の価格が上昇し、価格が相対的に安くなるカット野菜の販売量が増えるため、小売企業がカット野菜の発注数量を増やす [10]。しかしながら、野菜の卸売市場相場が高騰しているときは、産地で不作の事が多いため、原料野菜が不足しやすい。このとき、カット野菜メーカーは、小売企業からの発注に対応するために契約栽培先以外（他産地、卸売市場、青果物専門流通業者など）から原料野菜を調達すると、野菜の卸売市場相場が高騰しているため、高値で原料野菜を仕入れることとなり、採算の悪化につながる。

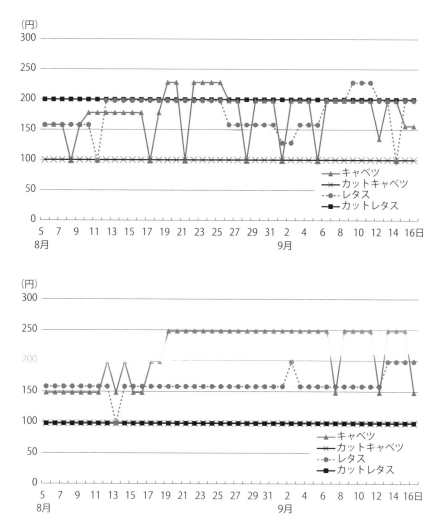

図6-5 Iスーパー（上図）とJスーパー（下図）の生鮮野菜とカット野菜の小売価格の
　　　推移
資料：各社のネットスーパーのウェブサイトより作成。

4.4.　安定供給が求められる

　表 6-6 はカット野菜メーカーが小売企業から求められていることを示したものであり、いずれのカット野菜メーカーも商品の安定供給が求められていることが分かる。この安定供給には 2 つの要素があり、1 つは安定的な量であり、もう 1 つは安定的な価格である。カット野菜メーカーは、安定的な量でカット野菜を供給するために、安定的に原料野菜を確保する必要がある。また、安定した価格でカット野菜を供給するためには、カット野菜メーカーは原料野菜を安定価格で調達する必要がある。これらのために、カット野菜メーカーは、全国各地の生産者組織と契約栽培を実施し、産地リレーをつなぐことで、原料野菜の安定調達を目指している（表 6-7）。

表 6-6　カット野菜メーカーが小売企業から求められていること

企業名	小売企業から求められていること
A 社	安全安心な商品の提供。安定供給。美味しい食べ方の訴求。季節毎による商品の展開。キャンペーンなどの販促企画。低価格化。
B 社	安定供給。安心と安全。
C 社	安全な商品を確実に届けること。決められた時間に決められた数量を確実に届けること。見栄え、味、匂い等に問題がないこと。異物混入がないこと。
D 社	安定供給。安心安全。異物混入がないこと。定時・定量・定品質・定価格の 4 定。
E 社	安心安全（工場の衛生管理、産地の指導・管理）。安定供給。
F 農協	発注数量通りの納品。肉や惣菜などを入れた新商品。

資料：聞取り調査により作成。

表 6-7　原料野菜の周年安定調達の工夫

企業名	周年安定調達の工夫
A 社	優良産地と顔が見える関係を築き、信頼関係を構築する。
B 社	全国の 35 の生産者組織と契約し、産地リレーをしながら原料を調達する。
C 社	北海道から九州まで産地リレーを行う。
D 社	産地を分散させる。貯蔵出荷体制を構築する。輸入を事前に手配しておく。
E 社	常に 1.5〜2 日分の在庫を持って対応する。仕入先の卸売業者が、安定供給の役割を果たす。
F 農協	多方面から情報を集めて対応する。

資料：聞取り調査により作成。

　前述のように、カット野菜メーカーの契約栽培には、産地の生産者組織と直接契約する方法と、青果物専門流通業者などを介する間接的な契約栽培を実施する方法がある。後者の間接的な契約栽培の場合においても、カット野菜メーカーは産地の生産者組織と直接商談をしながら契約を進める。「仕入先集約型」（図6-2）の場合、研究対象のカット野菜メーカーは青果物専門流通業者から原料野菜を仕入れ、需給調整機能は主にその流通業者が担っている。一方、「仕入れ先分散型」（図6-3）のように、多様な取引先から仕入れることは、原料野菜の不足時に他の取引先に出荷量の増加を打診することもできるため、安定供給への対応であるといえる。

　また、原料野菜の取引価格に関しては、聞取り調査を実施したいずれの企業も、契約栽培先の生産者組織とは播種前におおよその取引数量と価格を決定している。このときに決めた取引価格でシーズンを通して取引をするため、カット野菜メーカーの原料野菜の仕入価格は、基本的に卸売市場相場の変動には左右されない。

　全国の産地で契約栽培を実施しても、カット野菜メーカーにおいて原料野菜が不足したり、産地側の生産者組織で野菜が余る事態が生じる。次に、カット野菜メーカーによるカット野菜の安定供給のための、原料野菜の不足時と余剰時の対応について検討する。

　原料野菜の不足の要因は、天候不順等による契約栽培先の生産者組織での不作と、野菜の卸売市場相場の高騰により小売企業からのカット野菜の発注数量が増える事の2つである。契約栽培先において原料野菜が不足する時のカット野菜メーカーの対応は、次の5つに集約される。

　まずは、「①契約栽培先以外からの仕入を試みる」ことである。聞取り調査を実施した全てのカット野菜メーカーは、原料野菜の不足時には契約栽培先以外の取引先から不足分の野菜を仕入れている。ただしこの場合、野菜の卸売市場相場が上昇しているため、原料野菜の仕入価格は契約栽培先との契約価格よりも高くなる傾向にある。

　次に、「②納品規格を緩める」ことである。前述のように、カット野菜メーカーは大きめのサイズの納品規格を設定しているが、原料野菜の不足時には小

さいサイズの野菜の納品も認めている。たとえば、B 社では、原料野菜の不足時に、まず納品規格より小さいサイズでの出荷を契約栽培先に認め、それで不足分を補えるかどうかを確認する。E 社や F 農協なども同様に原料野菜の不足時には納品規格を緩めている。

　次に、「③輸入品を使用する」ことである。これは、原料野菜の不足時に臨時で商社などを経由して輸入野菜を仕入れる方法である。一部のカット野菜メーカーは、アメリカ、中国、台湾などから原料野菜を仕入れている。輸入野菜を使用する理由は、日本では生産量の少ない野菜を調達したり、原料野菜の不足時に輸入品を調達できる体制を整えるためでる。一方、F 農協のように野菜の不足時にも国産の野菜を使用することにこだわり、輸入品を使わないカット野菜メーカーも存在する。

　次に、「④使用野菜の重量や配合比率を変える」ことである。これは、1 つの商品当たりの野菜の重量を減らしたり、不足する野菜の配合比率を小さくすることによって、その野菜の使用量を減らし、他の野菜の比率を高める対応である。この対応は、B 社、D 社、E 社が実施しているが、小売企業からの同意も必要であり、あまり頻度は多くない。この対応は採用しない企業もある。

　次に、「⑤小売企業に働きかける」ことである。これは、原料野菜が不足する事情を小売企業に説明し、カット野菜の発注数量の削減を求める対応である。

　以上の原料野菜の不足時の対応をリスクの観点から整理すると、カット野菜メーカーは①の対応で大きなリスクを負うが、②～⑤の対応によって①のリスクを軽減することを図っているといえる。

　逆に、原料野菜が産地側で余剰となる場合もある。原料野菜が余剰となる要因は、産地側での豊作や、野菜の卸売市場相場の下落により小売企業からのカット野菜の発注数量が減少することである。原料野菜の余剰時のカット野菜メーカーの対応は、次に 3 つに集約される。

　1 つ目は、「①小売企業に働きかける」ことであり、これは小売企業に対してカット野菜の仕入量の増加や増量パックの提案をすることで余剰となっている野菜を使用する方法である。たとえば、C 社は、野菜の余剰時に営業担当者

が小売企業に対して、カット野菜の仕入数量の増加や特売を依頼して、余剰となっている野菜を使用できるように取り組んでいる。また、B社は、増量パックの包材を使って増量セールなどで対応することもある。増量パックは小売企業の同意も必要であり、増量パックの包材を持っている場合など、採用できる企業は限られる。

　2つ目は、「②中間流通業者や契約栽培先での対応に任せる」ことである。これは、中間流通業者や契約栽培先が他にも取引先を有しているため、その取引先への販売で対応してもらう方法である。たとえば、A社の場合は、専門流通業者G社が余剰分の野菜を加工業者などの他の取引先に販売している。ただし、聞取り調査を実施したカット野菜メーカーは、契約栽培先との契約を守り、契約栽培先との良好な関係を築くために、小売企業からのカット野菜の受注数量が減少しても、契約栽培先から契約量の野菜は仕入れるという。一方、D社は卸売業者としての野菜の販売先、F農協は農協として野菜の販売先を有しているため、独自に余剰分の野菜を販売している。

　3つ目は、「③工場で保管する」ことである。ある程度保管ができる野菜に関しては、工場で保管する対応が可能である。ただし、この対応が可能な企業は工場に大きな冷蔵庫を持つカット野菜メーカーに限られる。

　以上のように、原料野菜の余剰時に、カット野菜メーカーは①の努力はするものの、豊作時は生鮮野菜の小売価格が低く、カット野菜の需要が減るため、②を中心とした対応を取らざるをえない。

5. 小括

　本章では、消費者向けカット野菜流通における川下側から川上側に影響を与えるメカニズム明らかにし、カット野菜流通における生鮮野菜流通システムの特性を検討してきた。図6-6は、本研究で明らかとなった各主体間の影響を整理したものである。カット野菜の流通においては、カット野菜の加工特性から生じる影響と、カット野菜の商品特性から生じる影響があることが明らかとなった。

　まず、カット野菜の加工特性から生じる影響を整理する。カット野菜は野菜

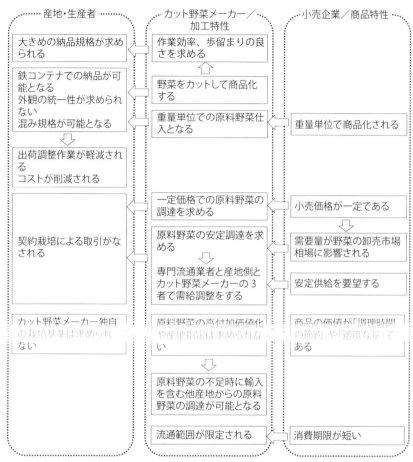

図6-6　カット野菜流通における川下側から川上側への影響

注：図中の矢印は影響を意味する。
資料：聞取り調査により筆者作成。

をカットして商品化されるため、カット野菜メーカーは、作業効率や原料野菜の歩留まりの良さを求める。そのため、産地側には大きめの原料野菜の生産が求められている。他方で、原料野菜の外観の綺麗さや大きさの統一性が小売向けのホール野菜のように求められないことや、鉄コンテナでの納品が可能になることは、野菜生産者の出荷調整作業が軽減されるなど、産地側の負担やコス

トを軽減する影響もある。これらは、最終商品が重量単位で商品化されるというカット野菜の商品特性からも生じる影響でもある。

　次に、カット野菜の商品特性による流通の川上側への影響を簡潔に整理する。カット野菜メーカーは、小売企業からの安定供給の要望に応えるために、基本的に契約栽培によって原料野菜を調達している。さらに、野菜の作柄や卸売市場相場の変動などの要因により原料野菜の不足や余剰が生じるため、カット野菜メーカーは、契約栽培先や中間流通業者などと協力しながら需給調整を行っている。しかしながら、カット野菜には小売価格が一定という商品特性があるため、カット野菜メーカーは、野菜の卸売市場相場の高騰時に小売企業からの発注数量が増えたり、野菜の不作時に不足した原料野菜を調達するために高値で原料野菜を仕入れたりするなど、野菜の卸売市場相場変動から生じるリスクを負うこととなる。他方で、カット野菜の加工特性や商品特性から、原料野菜の高付加価値化や産地限定などが求められていないため、カット野菜メーカーは、納品規格を緩めたり、輸入品を使用したり、使用野菜の配合比率を変えるなど、原料野菜不足のリスクを軽減する対応が可能となっている。すなわち、「調理時間の簡約」や「適度な量」というカット野菜の商品価値が、カット野菜メーカーの原料野菜の調達におけるコストとリスク負担を軽減することにつながっている。

　以上のように、カット野菜の流通における川下側から川上側に与える影響は、需給調整の面では川上側のリスクが大きくなる影響がある一方で、野菜の栽培方法や納品規格の面では川上側の負担やコストを軽減する影響もあるという二面性を持つ。

　カット野菜の流通において、川上側に対して独自の栽培基準を求めたり、納品規格を限定するなどの厳しい条件を求めると、川上側が大きなリスクを負うこととなり、生鮮野菜流通システムの成立が難しくなるであろう。カット野菜の加工特性と商品特性から、カット野菜メーカーは、大きめの原料野菜を一定価格で安定的に調達することを優先することが可能となり、それ以外の要素の負担が軽減される[11]ことによって、カット野菜の流通システムは成立していると考えられる。これがカット野菜における生鮮野菜流通システムの特性であ

る。

注

1) カット野菜の流通に関する先行研究においては、加工・業務用野菜としての生産や流通の研究が蓄積されている。農家に着目した研究では、永峰（2007）が農家のカット野菜工場への出荷選択要因の分析を行っている。野菜産地側に注目した研究としては、業務・加工用野菜産地の形成過程や対応の視点から研究がなされている（坂ほか 2010；坂 2013）。さらに、カット野菜メーカーに焦点を当てた研究としては、メーカーの原料野菜の調達先を分析し、原料野菜の過剰と不足へのリスク対応を分析した杉村（2016）や、カット野菜メーカーの原料国産化の取り組みの研究（坂 2012）などがある。さらに、多様な主体の分析を行った研究として、坂（2014）は、業務・加工用野菜の生産と流通に関して、産地、JA、卸売市場の取り組みを、取引、役割、販売戦略の観点から分析している。さらに種市ほか（2017）は加工・業務用野菜の輸入・海外調達と国内流通及び産地の対応に関する分析を行っている。
2) 遠方の産地に対してコンテナを送り返すことはコスト的にも難しいため、産地から加工工場までの距離によって使い分けている例もみられる。たとえば、F 農協は、地元農家からの納品はプラスチックコンテナか鉄コンテナ、それ以外の地域からの納品はダンボール箱を使用している。
3) 鉄コンテナを受け入れられる工場に限られる。
4) 商品の流通地域が限定される他の要因として、カット野菜メーカーは、商品に何か問題があった場合に、小売店舗まで代替品を届けに行く必要もあることも挙げられる。
5) A 社の委託先工場は、北海道、岩手県、山形県、京都府、熊本県、沖縄県にある。
6) この場合、製造が委託された商品には「販売者 B 社：加工者 D 社」のように表示される。
7) この調査における生食用簡便野菜とは「キャベツの千切りパック、数種類の野菜がカットされたミックス野菜等サラダの具材や揚げ物に添えるなど主に生食で食べるもの」であり、調理用のカット野菜や味付けされたカット野菜は含まれない（独立行政法人農畜産業振興機構 2016）。
8) ただし、この理由として、現状では原料野菜を高付加価値化したカット野菜はごく一部であり、そもそも消費者の選択肢に入っていないことも考えられる。
9) 他の全国チェーンと 1 社とローカルチェーン 1 社も同様に調査したが、同様の結果であった。また、2020 年 9 月 24 日まで価格調査を継続したが、いずれの企業もカット野菜の価格は一定であった。
10) スーパーマーケットの青果バイヤーへの聞取り調査によると、野菜の相場が上がるとカット野菜の売上数量が増えるという。
11) たとえば、原料野菜の高付加価値化を求めない、幅広い納品規格を認める輸入野菜の使用を認める、など。

第7章　川上・川中の企業による生鮮野菜の周年供給体制の構築

1．はじめに

　小売企業や外食企業、カット野菜メーカーなどの川下側の企業は、周年で安定的に生鮮野菜を調達することを求めている。卸売市場流通であれば、卸売市場に全国の産地から生鮮野菜が入荷されるため、キャベツやレタス、トマトなどの生鮮野菜が周年で流通している。そのため、小売企業や外食企業などは、卸売市場から周年で生鮮野菜を調達することができる。

　他方、小売企業や外食企業などは、卸売市場外流通において周年で生鮮野菜を調達しようとすると、全国の産地の生産者組織（農協、農業法人、出荷組合など）と取引がある青果物流通業者と取引をするか、第4章で取り上げた事例のように、自ら全国の産地の生産者組織と取引をして産地リレーをつなぐ必要がある。このことは、小売企業や外食企業などが、卸売市場が担っている集荷機能を持つ取引先から野菜を仕入れるか、自らその集荷機能を内包化する必要があることを意味する。

　小売企業や外食企業が生鮮野菜を周年調達する方法は（表7-1）、①卸売市場から調達する、②周年供給が可能な卸売市場外の企業と取引をする、③産地リレーができる形で全国の生産者組織と契約栽培を実施する、④農業に参入し自社農場で産地リレーをして調達する、などの方法がある。これらは、小売企業や外食企業などの川下側の企業のリスクやコスト負担が小さい順である。

　①は川下側の企業のリスクやコスト負担が相対的に小さいものの、自社が求める独自の条件で野菜を仕入れることが難しい事に加えて、他社との差別化が困難な方法である。他方、④は川下側の企業のリスクやコスト負担が最も大きい方法であり、部分的に自社農場から野菜を調達する小売企業や外食企業も存在するが、自社農場のみで産地リレーをつないでいる企業は少ない。②は自社

表7-1　小売・外食企業等による生鮮野菜周年調達の方法

周年調達の方法	川下側のリスク・コスト負担
①卸売市場から調達する	小
②周年供給が可能な企業と取引をする	↑
③産地リレーができる形で全国の生産者組織と契約栽培を実施する	
④農業に参入し自社農場で産地リレーをして調達する	↓ 大

資料：筆者作成。

で直接生産に介入しないが、卸売市場外流通でありながら、専門流通業者を通じて自社の要望を産地側に伝えたうえでの野菜の調達が可能となる方法である[1]。③を採用する場合は、第3章で明らかになったように、中間流通が担っていた機能とリスクを川下側の企業と産地側の生産者組織とで分担する必要がある。

　小売企業や外食企業などが、卸売市場外流通において自社の独自基準の野菜を周年で調達する際に、③や④の方法は自社のリスクやコスト負担が大きい。こうした状況の中で、流通の川上側の生産者組織や川中の企業が、小売企業や外食企業などに代わって、生産者を組織化し、生鮮野菜の周年供給体制を構築する動きがみられる。

　青果物専門流通業者のような川中の企業が川下側の企業に対する周年供給体制を構築する場合、全国の既存の産地の組織と取引をすることによって生鮮野菜の周年調達を実現する方法が一般的であるが、他方で、既存の産地の組織をつなぐのではなく、自ら生産者を組織化して生産者組織を作り、周年供給体制を構築する取り組みもみられる。本章では、生鮮野菜流通システムの再構築の動きの1つとして、後者に焦点を当てる。

　卸売市場外流通において生鮮野菜の周年安定調達を実現することは、市場規模が縮小する中での小売企業や外食企業などにとって重要であり、その方法とそれに取り組む主体にとっての意義を明らかにすることは、今後の生鮮野菜流通システムを理解するうえで重要である。

表 7-2　研究対象企業の概要

	野菜くらぶ	A 社	B 社
業種	農業法人	農業関連企業	青果物専門流通業者
本社所在地	群馬県	長野県	東京都
設立	1992 年	1877 年	1996 年
年間売上高	23.9 億円（2019 年度）	約 115 億円	約 16 億円（青果のみ）
生産者数	80	200	100（30 社）
販売先数	約 130 社	約 100 社	―
主な販売先	生協、食品宅配企業、外食企業など	外食企業、小売企業、加工業者など	小売企業、流通業者
主な生産品目	レタス、トマト、キャベツ、小松菜、など約 40 品目	レタス、非結球レタス、キャベツ	トマト、カラーピーマン、きゅうり、その他

資料：聞取り調査、各社のウェブサイトにより作成。

　以上を踏まえて本章では、流通の川上・川中の主体、具体的には、生産者組織、農業関連企業（農薬・肥料販売企業）、青果物専門流通業者が取り組む生産者の組織化による周年供給体制の構築を取り上げ、その生鮮野菜流通システムを研究対象とする。具体的には、小売企業や外食企業に野菜を供給する川上・川中の主体による周年供給体制の実態、周年供給体制構築の経緯と方法、周年供給体制構築の効果や意義などを検討することによって、川上・川中の企業による周年供給体制構築の意義を明らかにする。

　具体的な分析に当たって、本章では、生産者組織である㈱野菜くらぶと、農薬・肥料販売企業の A 社、青果物専門流通業者である C 社[2] の 3 つの企業を事例として取り上げる（表 7-2）。

　調査方法は聞取り調査である。2017 年 11 月から 2020 年 3 月にかけて、研究対象企業に対して聞取り調査を実施した。

2．生産者組織による周年供給体制の構築

2.1．野菜くらぶの概要

　株式会社野菜くらぶ（以下、野菜くらぶ）は、1992 年に野菜生産者農家 3 人によって有機野菜の生産グループとして立ち上げられた生産者団体を起源とする、群馬県昭和村に本社を置く農業法人である。そのため、野菜くらぶは野菜の生産方法にこだわりをもっており、野菜の栽培に関する独自基準を設け、農薬や化学肥料を使わない農業を目指している。すなわち、野菜くらぶは高付加価値の野菜を扱っている生産者組織であるといえる。

　野菜くらぶの主な栽培品目は、多い順に、レタス、トマト、キャベツ、小松菜などであり、合計約 40 品目である。野菜くらぶの年間売上高は約 23 億 9,000 万円（2019 年度。この内、野菜売上高が約 22 億 5,000 万円。）であり、生産者・法人の数は 80（農業生産法人 23 法人を含む）である。出荷先の企業は約 130 社であり、生協や農産物宅配企業、外食チェーンへの販売額が多い。野菜くらぶは、販売先とは基本的に契約栽培による取引をしている。

　野菜くらぶでは、野菜くらぶのメンバーが、野菜くらぶの理念を共有し、野菜を生産して、野菜くらぶがそのメンバーの野菜を販売する。取引先からの要望で、野菜くらぶのメンバー以外の協力産地（生産者組織）から仕入れて出荷する野菜も一部扱っている。

　野菜くらぶに所属する生産者は、生産した野菜のほぼ全量を野菜くらぶに出荷している。ただし、品目毎に出荷先を分けて、たとえばキャベツを野菜くらぶに出荷し、レタスを農協に出荷する生産者もいる。また、余剰分の野菜を卸売市場や直売所に出荷する生産者もいる。

2.2．野菜くらぶにおける周年供給体制

　野菜くらぶは、レタス、サニーレタス、グリーンカール、ロメインレタス、キャベツ、ほうれん草、ニラ、九条ねぎ、玉ねぎ、トマト、ミニトマトの周年供給を実現している。図 7-1 は、野菜くらぶにおける主要な周年出荷品目と生産地毎の出荷時期を示したものである。野菜くらぶの本社が位置する群馬県昭

品目	生産地	1月	2月	3月	4月	5月	6月	7月	8月	9月	10月	11月	12月
レタス	静岡県												
	群馬県(渋川市・前橋市)												
	群馬県(昭和村・利根町)												
	長野県												
	岡山県												
	青森県												
非結球レタス(サニーレタス、グリーンカール、ロメインレタス)	静岡県												
	群馬県(昭和村・利根町)												
	青森県												
キャベツ	静岡県												
	群馬県(渋川市・前橋市)												
	群馬県(昭和村・利根町)												
	青森県												
トマト	静岡県												
	群馬県(昭和村・利根町)												
ほうれん草	群馬県(渋川市・前橋市)												
	群馬県(昭和村・利根町)												

※ □ が出荷時期を示す。

図 7-1　野菜くらぶにおける主な周年出荷品目の時期別生産地

資料：野菜くらぶの資料により作成。

和村は赤城山麓に広がる村であり、標高が高いため、夏にもレタスの生産ができる地域である。さらに野菜くらぶでは、群馬県の低地の渋川市や前橋市にも農場を有しており、ここでは、冬と春にキャベツなどを生産している。野菜くらぶでは、こうした群馬県内での標高差を利用した生産に加えて、青森県、静岡県、長野県、岡山県などで野菜くらぶのメンバーが野菜を生産している。

　たとえば、レタスは、野菜くらぶの昭和村と利根町の農場では 5〜10 月頃までしか生産できないが、野菜くらぶは 11〜5 月頃の冬から春にかけてのレタス生産を静岡県で実施することによって、周年供給を実現している。さらに野菜くらぶは、サニーレタスやロメインレタスも同様に 5〜11 月頃までは群馬県で生産するが、11〜4 月頃は静岡県で生産している。長野県と青森県は群馬県と出荷時期が重なるが、夏の群馬県の農場の生産を補う形で安定供給するための生産地となっている。他の品目も同様に、本社以外の地域でも野菜を生産することによって周年供給が実現されていることが分かる。

　以上のように、野菜くらぶの特徴は、全国の複数の地域で野菜を生産するこ

とによって、レタス、サニーレタス、ロメインレタス、キャベツ、ほうれん草、玉ねぎ、トマトなどの品目で周年出荷体制を構築していることである。

2.3. 野菜くらぶによる周年供給体制の構築

　野菜くらぶが周年供給体制の確立を目指した理由の1つに、販売先からの要望がある[3]。野菜くらぶは、群馬県昭和村の立地という首都圏へのアクセスの良さと冷涼な土地柄をいかして、レタスを生産してきた。しかし、気候の影響でレタスの出来が良くないときに、販売先の担当者から、「野菜くらぶさんは個々の生産者は努力しているようですが、会社としては何か安定供給に努力しているのですか?」という質問を投げかけられた。この言葉をきっかけに、野菜くらぶは組織としての安定供給と周年供給体制の構築を目指した。

　野菜くらぶは、2002年頃までは群馬県の農場のみで野菜を生産していたが、同じ地域のみで生産をすると、天候等の影響で不作の時は同じ地域で生産する農家の多くのが不作になるため、安定供給が難しいという問題に直面した。そこで野菜くらぶは、野菜の安定供給を実現するためには異なる地域で生産する必要があると考え、まず群馬県昭和村と同じ時期に出荷することができる産地の開拓を始めた。

　産地の開拓にあたっては、適切な場所と人材が必要である。野菜くらぶは流通業者ではなく、生産者組織であり、野菜くらぶのメンバーが、野菜くらぶの生産方法で、野菜くらぶの計画に基づいて生産して出荷している。そのため、野菜くらぶは単純に同じ時期に他の地域で生産している既存の生産者組織から野菜を仕入れて販売するのではなく、各地域で野菜くらぶの生産者として野菜を生産し、出荷する人材を必要とした。

　そこで、野菜くらぶは、群馬県以外の地域で農業をしてくれる若者を探すため、2000年に「独立支援プログラム」を立ち上げ、農業に意欲のある若者を育て、他の産地で独立してもらうことで、遠隔地でも野菜くらぶの栽培方法を貫くことをめざした[4]。表7-3は野菜くらぶの独立支援プログラムの概要を示したものである。このプログラムの研修生は、野菜くらぶの野菜生産方法を学んだ後に独立し、自ら生産した野菜を野菜くらぶを通して野菜くらぶの野菜と

表7-3　野菜くらぶの独立支援プログラムの概要

①野菜くらぶ生産者農家で、1 年以上研修する。
②研修後は、会社を設立し、独立する。
③会社設立のための資金は、独立する人 50％、野菜くらぶ側 50％とする。
④販売先は、野菜くらぶが確保する。
⑤独立後、野菜くらぶが販売面、経営面、人事面、技術面で、全面的に
　バックアップする。
⑥契約書をかわし、お互いの責任を明確にする。

資料：野菜くらぶのウェブサイトより作成。

して販売することになる。

　野菜くらぶは、2000 年に研修生の募集を開始し、2001 年 1 月に一期生を受け入れた。この研修生の研修中に、野菜くらぶは同時進行でその研修生が独立後に農業を営む地域を探し、2001 年の秋に青森県黒石市沖揚平に決定した。野菜くらぶによると、この地域は、八甲田山の山麓であり、群馬県の昭和村に地形が似ていて、標高 50m あたりが群馬県の昭和村と同じような気候であり、車で 20km 移動すると標高が約 700m に上がるため、野菜の生産に標高差を利用できる地域である。

　まずは、その地域の農家が野菜くらぶのメンバーとなり、野菜くらぶに対するレタスの出荷を開始した。2002 年には、研修生の第 1 期生が独立して、その地域でレタスの生産を始め、その年の夏から野菜くらぶへの出荷を開始した。その後、独立支援プログラムから独立した 2 名も沖揚平で農業を開始した。沖揚平では 6 〜 9 月にレタスの生産が可能であり、出荷時期が昭和村と同じである。

　以上のように、野菜くらぶによる遠方の産地開拓は、野菜くらぶがリスクを分散して安定供給するために、野菜くらぶの当時の出荷時期と同じ時期に出荷できる産地の農地を探すことから始められた。

　次の段階として、野菜くらぶは、自社が出荷していなかった秋から春の時期に出荷できるレタスの産地の農地を探した。全国各地で農地を探している中で、縁があり、野菜くらぶは取引先や生産者との共同出資により、静岡県菊川市でトマトを栽培する農業法人を立ち上げた[5]。この背景には、当時、取引先

の外食チェーンから、トマトの安定供給のために共同出資で農業法人を立ち上げる話があったことがある。ここは冬季に大玉トマトを生産する生産地という位置づけである。さらに、この農業法人は菊川市で冬季のレタス栽培を開始し、さらに同じ地域で、独立支援プログラムによって独立した2人がそれぞれレタス生産を主体とする農業法人を立ち上げた。こうして野菜くらぶは、静岡県で、レタス、キャベツ、トマト、ミニトマトなどを栽培する拠点を形成した。これらの静岡県の農業法人は、2006年の売上高が550万円であったが、2019年は約6億4,000万円までに成長した。

また、京都府においては、独立支援プログラムで独立した1人が通年で九条ねぎを生産している。

さらに野菜くらぶは、岡山県において西日本のレタス生産の拠点としての産地開発を進めている。野菜くらぶによると、レタスは鮮度の良さや消費地から近い生産地のものが求められる傾向があり、岡山県での産地開発は取引先からのニーズに応えて始めた事業である。現在、岡山県では、地元の生産者が野菜くらぶの取り組みに賛同し、6～10月頃に出荷できるレタスを生産している。野菜くらぶは、岡山県においては、夏季は標高の高い蒜山高原で生産し、冬季は温暖な瀬戸内海側で生産することによってレタスの周年出荷体制を構築する計画である。

以上のように、野菜くらぶは、最初に安定供給のために群馬県と同じ出荷時期に出荷できる産地で生産者組織を立ち上げ、次の段階として、出荷時期の異なる産地で生産者組織を立ち上げることによって周年供給体制を構築した。

2.4. 野菜くらぶにおける周年供給体制構築の意義

次に、野菜くらぶにおける周年供給体制構築の意義について検討する。野菜くらぶは基本的に川下側の企業と契約栽培による取引を行い、生産計画に基づいて野菜を生産している。野菜くらぶの本社がある群馬県昭和村の農場からの出荷期間は5月から10月である。しかし川下側の取引先は一年中野菜を使用しているため、周年で取引先に野菜を供給しようとすると、他の地域で野菜を生産する必要がある。そのため、野菜くらぶは、適地適作の考えのもと、他の

地域でも野菜を生産して、産地リレーをつなぐことで野菜を周年供給できる体制を構築してきた。野菜くらぶの担当者は「それ（周年供給体制の構築）はお客さん（取引先）のニーズに応えるためにやってきた」という。

　仮に、5 月から 10 月の期間のみの取引となる場合、10 月に出荷が終わり、取引が中断し、再び取引が始まる 5 月に川下側の企業と取引ができるかどうかは分からないため、取引の継続が不確定になり、野菜くらぶには取引継続の不安やリスクが生じる。しかしながら、周年供給体制を確立し、周年で取引先に出荷ができれば、1 年中取引先とコミュニケーションがとれるため、上記のような不安やリスクは軽減される。すなわち、周年供給体制の確立は、野菜くらぶの営業上の利点であるといえる。周年供給体制が確立したことによる影響について、野菜くらぶの担当者は、「周年供給しているために常に半年先の取引について話ができる」事を挙げている。すなわち、夏の期間のみの出荷の場合は、出荷期間が終わると取引先とのつながりが途切れてしまい、次のシーズンに同じように取引ができるかどうか分からないため、周年供給体制の構築は、顧客と継続的な関係が築ける効果を生み出している。

　次に、野菜くらぶにおける周年供給体制構築の意義として、売り上げの平準化とリスク分散が挙げられる。周年供給体制が確立する前の 2006 年の野菜くらぶの売上高は、約 8 億 8,000 万円のうち、5 月から 10 月の売り上げが約 94.2 ％を占めていたが、2019 年では同期間の売り上げが全体の 64.1 ％である。群馬県の農場以外の売り上げは、青森県や静岡県などの農場で生産された野菜の売り上げである。1 カ所の産地のみで生産している場合は、その地域が台風や病気などで収穫ができなくなった場合に、取引先に全く出荷できなくなってしまうが、野菜くらぶは複数の産地で生産することによって、そのリスクを分散することができる。

3．農業関連企業による周年供給体制の構築

3.1．A 社の概要
　A 社は長野県に本社を置く農業関連企業である。A 社は、明治時代に和紙

問屋として開業し、戦後、肥料の販売を始めた。さらにA社は、1990年から農産事業部門を設立し、レタスの販売を開始し、1996年にはレタスの周年供給体制を確立している。

　A社の従業員数は192名（正社員80名）、年商は約115億9,300万円（2018年6月期）である。A社の主な事業内容は、①野菜などの青果物の販売、②肥料、農薬、農業資材、資料の販売、③カットフルーツの製造・販売、④通信販売、である。

　A社の売上高の内訳は、野菜が約80億円、カットフルーツが約10億円、通信販売が約2億円、それ以外の農業資材、肥料、農薬、種などが約20億円である。A社が主に扱っているレタスの売上高は年間約60億円であり、非結球レタス（サニーレタス、グリーンリーフ、ロメインレタス）が約7～8億円、キャベツが約12億円となってる。A社に所属する農家は、法人形態等も含めて200軒である。A社に所属する農家の栽培方法は、農薬や肥料の使用基準を満たした慣行栽培である。

　A社に出荷する農家は、A社が各地に立ち上げた出荷組織に所属する。A社に所属する農家の生産物は、全品をA社が買取る。

　A社の野菜の販売先は、スーパーマーケット、コンビニエンスストア、外食企業、加工業者などの合計約100社であり、その割合は、小売企業が約4割、外食企業と加工業者を合わせて約6割である。A社は取引先の約50％と直接取引を行い、残りの約50％が仲卸業社を通して販売している。直接取引以外の取引は、商流は仲卸業社を経由するが、物流はスーパーマーケットの物流センターに直接納品するパターンが多い。

3.2. A社における周年供給体制

　次に、A社による周年供給体制の確立の経緯を整理する。A社は、レタス、非結球レタス、キャベツにおいて周年供給体制を確立している。それぞれの品目の生産地と出荷時期は、図7-2の通りである。レタスに関しては、A社は、6月から9月にかけては冷涼な長野県と北海道の産地で生産し、9月以降は茨城県と山梨県の産地、さらに寒くなる冬の時期には、比較的温暖な熊本県、長

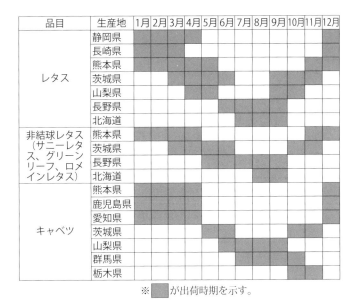

※ ■ が出荷時期を示す。

図7-2　A社における周年出荷品目の時期別生産地
資料：A社資料により作成

崎県、静岡県の産地で生産している。さらに、春からは再び茨城県と山梨県の産地からの出荷が始まり、その後、長野県と北海道へと産地リレーがなされている。非結球レタスとキャベツも同様に、北海道から九州地方までの産地の生産者組織から仕入れることによって産地リレーが実現され、周年供給体制が確立されている。

3.3.　A社による周年供給体制の構築

　次に、A社による周年供給体制の構築の経緯について整理する。A社は、1989年に農業資材業者として長野県川上村に川上支店を作り、川上村に進出した。当時A社は、地元の農家と「有機研究会」を作り、肥料に関する勉強会を開催した。この取り組みを続ける中で、良いレタスができるようになり、農家から「特別販売してくれませんか」との依頼があった。その4戸の農家が有限会社を立ち上げ、A社はそのレタスの販売を手伝うこととした。A社は

販売先を探すために、肥料の仕入先である商社に相談し、その商社からの紹介でコンビニエンスストアのサラダを生産する工場とそこに野菜を納品する仲卸業者との取引が始まった。当時のA社と工場との間の交渉の中で、A社は取引価格についての条件を提示し、工場からはその条件を受け入れる代わりに365日毎日出荷するように求められた。

6〜9月は川上村の農場から出荷できるため、A社は周年供給体制の確立のために、川上村以外の地域の産地開発を開始した。まず、A社は取引がある商社から紹介された茨城県の農家にレタスを生産してもらうように依頼した。茨城県の農場では春（3月下旬から6月上旬）と秋（9月中旬から11月まで）のレタスの生産が可能である。次に、冬の時期に出荷できる産地を開拓するために、A社は九州の各県を回って生産者を探した。最初に生産の委託が決まったのが、熊本県の八代市の農家である。当時、い草が売れなくなり困っていた農家にレタスの栽培を依頼したことがきっかけとなり、その農家が川上村や茨城県でレタスの作り方を学び、八代市でレタスの生産を開始した。その後、1999年から熊本県からの出荷が始まり、2004年頃から熊本県からも安定的に出荷できるようになった。

以上のように、A社は、複数の地域で野菜の生産者を探して、現地に生産者組織を立ち上げ、その生産者組織から仕入れる形で産地リレーをつなぐことによって、周年供給体制を構築した。

3.4. A社における周年供給体制構築の意義

A社は、基本的に1年中野菜を仕入れる取引相手のみと取引をする方針である。A社は、契約栽培によって川下側の企業と取引をしているため、播種前に取引価格や数量を決めている。一方、野菜の卸売市場相場は1年を通じて変動しているため、1年の中で特定の時期だけ取引をすると、A社か取引相手のどちらかだけが得をしたり損をしたりする関係となる。つまり、野菜の相場が高いときは、取引相手は相場より低価格で仕入れることができるが、A社は相場より低価格で売ることとなる。逆に、野菜の相場が低いときは、取引相手は相場より高い価格で仕入れることになるが、A社は相場より高い価格で

売れることとなる。

　こうした損得を平準化することが A 社が周年供給体制を構築している理由の 1 つであり、A 社にとっての周年供給体制を確立したことの意義の 1 つである。

　他方、A 社に所属する農家には、相場が高いときも安いときも一定の価格で野菜を仕入れてもらえる利点がある。

　さらに、周年供給体制の確立による意義として、A 社はいつでも取引を開始できる事を挙げている。A 社は、販売先が決まってから所属する農家が種を蒔く方針であるため、基本的に、顧客と商談をしてから野菜の生産を開始する。A 社は周年供給体制の確立によって、1 年中、どこかの産地で所属する農家が野菜を生産しているため、苗を植えてから間に合う 2 カ月後や 3 カ月後から新規の取引を開始することができる。

　最後に、農繁期が異なる産地間で労働力を共有できる効果がある。ある産地の農閑期に手が空いた農家が別の産地で野菜生産を手伝うのである。たとえば、A 社に出荷する熊本県の農家は、夏の間は生産活動を行っていないため、希望者は夏の間だけ長野県川上村の A 社関連の農場で働いている。

4．青果物専門流通業者による周年供給体制の構築

4.1．B 社の概要

　B 社は、青果物の専門流通業者であり、第 2 章の C 社（スーパーマーケット）にもトマトを販売している企業である。B 社の年商は約 18 億円でその約 9 割が野菜の販売高である。B 社の主要な取扱品目は、トマト、カラーピーマン、きゅうりであり、売上高に占める割合はそれぞれ約 7 割、1 割、1 割である。B 社は基本的に産地で農家を組織化し、その生産者組織から仕入れた野菜を商品化してスーパーマーケットを中心に販売している。B 社の出荷先の 8 割がスーパーマーケットであり、残りの 2 割が青果物専門流通業者である。B 社は特定のサイズのみを求める外食企業や加工業者とは取引をしていない。

4.2. B社における周年供給体制

　B社は主要な販売品目であるトマトとカラーピーマンの周年供給体制を確立している（図7-3）。

　まずトマトに関しては、B社は、11〜6月は熊本県の生産者組織から仕入れ、7〜10月は青森県の生産者組織から仕入れており、この2県の生産者組織が主要な仕入先である。さらに、B社は、産地の切り替え時期であり、生産量が安定しない端境期に安定的に出荷するために、群馬県（6〜7月、9〜12月）と大分県（7〜12月）、茨城県（9〜10月）の生産者組織からもトマトを仕入れている。

　カラーピーマンに関しては、B社は11月から6月は高知県の生産者組織から仕入れ、7月から11月は熊本県の生産者組織から仕入れており、さらに、10月下旬から5月までは沖縄県の生産者組織からも仕入れている。

　以上のようにB社は、出荷時期が異なる全国の産地の生産者組織をつなぐことによって、周年供給体制を確立している。

4.3. B社における周年供給体制の確立

　B社は基本的に既存の流通業者や生産者組織から野菜を仕入れるのではなく、自社で生産者を探して出荷組織を立ち上げ、そこから仕入れる形で産地リレーをつないでいる。この理由の1つは、生産者にB社独自の品種で栽培を依頼したり、カラーピーマンなどの市場にあまり流通していない野菜の生産を

品目	生産地	1月	2月	3月	4月	5月	6月	7月	8月	9月	10月	11月	12月
トマト	熊本県	■	■	■	■	■	■					■	■
	群馬県						■	■		■	■	■	■
	大分県							■	■	■	■	■	■
	青森県							■	■	■	■		
	茨城県									■	■		
カラーピーマン	高知県	■	■	■	■	■	■					■	■
	熊本県							■	■	■	■	■	
	沖縄県	■	■	■	■	■					■	■	■

※ ■ が出荷時期を示す。

図7-3　B社における周年出荷品目の時期別生産地

資料：聞取り調査により作成。

依頼するためである。もう 1 つの理由は、産地で生産量が減る端境期に B 社に向けた生産を依頼し、必要な数量の野菜を確保するためである。

　B 社は生産者組織の立ち上げにあたって、「適地適作」の考えで生産地域を選定し、B 社の社長の知り合いやその地域の肥料業者などにトマトやピーマンを生産している農家を紹介してもらい、農家と交渉をしながら生産者を集める。生産者が集まったら、B 社が加工場を準備し、さらに物流を手配する。B 社はこのような形で各地域に B 社に出荷をする生産者組織を立ち上げている。

　次に B 社の周年供給体制の構築方法について整理する。まず、トマトに関しては、B 社は熊本県において、1996 年 7 月に八代市の農家と共に出荷組合を立ち上げ、トマト、ミニトマト、メロン、などの出荷を開始した。翌年の1997 年には青森県において生産者組織を立ち上げ、トマト・メロン・リンゴの各部会を結成し、出荷を開始した[6]。このように、B 社は、トマトに関しては、11 月から 6 月は熊本県の生産者から、7 月から 10 月は青森県の生産者から仕入れることによって、周年供給体制を構築した。

　しかしながら、6 月から 7 月と 10 月から 11 月の出荷産地の切り替えの時期に、産地リレーが途切れる事態が発生した。熊本県の生産者からの出荷が早めに終ったり、青森県の生産者からの出荷開始が遅れたりすると、その間のトマトの仕入れができなくなり、2 週間から 1 カ月程度、B 社がトマトを納品できなくなる。そのため、B 社はこの端境期の時期にトマトが生産できる産地において、トマト生産を担ってくれる生産者を探した。

　その後、B 社は 2004 年に群馬県にトマトの生産者組織を立ち上げ、ここからは 5 月から 7 月にトマトが出荷されている。さらに B 社は、2006 年に茨城県にトマトの生産者組織を立ち上げ、ここからは 9 月から 11 月にトマトが出荷されている。加えて、B 社は、2015 年には、熊本県に自社農場をつくり、熊本県からの出荷体制を強化している。自社農場を立ち上げた理由は、おいしいトマトを生産するための品種選定を行い、その品種のトマトを生産するためである。さらに、B 社は 2019 年に大分県にトマトの生産者組織を立ち上げ、その組織が 6 月から 12 月にトマトを出荷している。大分県の生産者組織は、加温施設があるため、夏だけではなく冬も出荷が可能となっている。以上のよ

うに B 社は複数の地域で生産者組織を立ち上げることによってトマトの周年供給体制を確立した。

　一方、カラーピーマンに関しては、B 社は 1999 年に宮崎県と高知県で生産者組織を立ち上げて栽培を開始した。当時、宮崎県と高知県の生産者組織からのカラーピーマンの出荷期間は 11 月下旬から 6 月のみであったが、B 社は 2005 年に熊本県と岩手県と茨城県にカラーピーマンの生産者組織を立ち上げ、周年供給体制を確立した[7]。しかしながら、熊本県の山都町の畑には加温設備がないため、11 月に熊本県でピーマンが生産できず、同時期に高知県の生産者からの出荷も始まらずに、11 月にピーマンが出荷できずに出荷ができない期間が生じた。そのため B 社は 10 月から 11 月の産地の切り替え時期の生産を補うために、10 月下旬から 5 月まで出荷できる生産者組織を沖縄県に立ち上げた。このように B 社がカラーピーマンの周年供給体制を確立した理由は、B 社が出荷できない時期にスーパーマーケットの店舗で棚が空いてしまうため、スーパーマーケットからの強い要望があった事である。

4.4.　B 社における周年供給体制構築の意義

　B 社が周年供給体制を構築した理由の 1 つは、スーパーマーケットからの要望である。B 社は、スーパーマーケットと商談をしながら、独自の品種や規格でトマトを納品し、スーパーマーケットはそれを自社独自のブランドとして販売している。そのため、B 社のトマトの出荷が止まると、スーパーマーケットは卸売市場からトマトを調達し、通常とは異なる商品をその棚に並べることとなり、売り場が安定しない。B 社は、周年で商品を供給することによって、同じパッケージの同じブランドの商品が店舗に並び続けることがスーパーマーケットにとって一番良いと考えて周年供給に取り組んでいる。

　B 社における周年供給体制の確立のもう 1 つの意義は、川下側の企業との取引の継続にある。仮に、B 社からスーパーマーケットに対する納品が 1 カ月間できなかった場合、この期間に他の流通業者のトマトがスーパーマーケットの棚に並ぶと、再び B 社のトマトの出荷が始まったときに、B 社のトマトを仕入れてもらえるとは限らない。そのため、B 社が取引を安定的に継続するため

にも、周年供給体制の確立が重要となる。

5．小括

　本章では、川上・川中の企業による周年供給体制について、生産者組織、農業関連企業、青果物専門流通業者を事例に、その実態と構築方法、意義について検討してきた。とりわけ、生産者を組織化することによる周年供給体制の構築に焦点を当てた。その結果、以下のことが明らかとなった。

　周年供給体制の構築については、3つの事例とも、全国の複数の地域で生産者を組織化し、その生産者組織から野菜を仕入れることによって産地リレーをつなぐ形で周年供給体制を確立している。さらに、川下側の企業への安定供給も重要であるため、同時期に1カ所の生産者組織から仕入れるのではなく、複数の異なる地域の生産者組織から同時期に仕入れをすることによってリスク分散が図られている。また、産地リレーをつなぐ場合は、産地の切り替えの端境期に出荷量が不安定になるため、主要な産地間の端境期に出荷できる地域にも生産者組織を立ち上げることで、安定供給を目指す取り組みも見られた。

　次に、周年供給体制を構築するにあたって生産者を組織化する理由を検討しよう。その理由は、端的にいえば、川下側の企業に対して野菜を安定供給するために、野菜を安定調達するためである。野菜の価格には卸売市場相場が影響する。野菜の価格は需要と供給のバランスによって決定するため、豊作時は価格が安くなり、不作時は価格が高くなる。川下側の企業に安定的に野菜を供給するためには、川上・川中の企業は、不作時も野菜を仕入れる必要がある。生産者を組織化せずに野菜を仕入れる場合、相場が高いときに、生産者がより高く売ることができる販売先に出荷する可能性がある。このとき、川上・川中の企業は川下側の企業に安定的に供給することが難しくなり、川下側の企業に対する欠品につながる。そのため、川上・川中の企業が自社に野菜を供給するための生産者組織を立ち上げ、生産者から優先的に出荷される体制が構築されている。

　次に、川上・川中の企業が周年供給体制の構築に取り組む意義について検討しよう。川上・川中の企業が周年供給体制を構築する理由は、3つの事例とも

共通している。いずれの事例も川下側の企業からの要望をきっかけに周年供給体制の構築に取り組んでおり、川下側の小売企業や外食企業等が周年で安定調達を求めることが川上・川中の企業が自社単独で周年供給体制を構築する事につながっている。すなわち、川上・川中の企業が周年供給体制を構築することは、川下側の要望に応えることによって取引関係を継続するという意義がある。

　さらに、取引の継続性という観点からは、川上・川中の企業の出荷時期が一時期に限られる場合、出荷シーズンが一度終わり、再び出荷シーズンが始まるときに、再度、川下側の企業との取引が再開されるとは限らない。川上・川中の企業は、周年供給体制を構築し、周年で川下側の企業と取引を継続することによって、取引が継続しないことによるリスクを抑制しようとしている。そのため、取引の継続性という観点において、川上・川中の企業にとって周年供給体制の確立は重要な意義を持つ。

　他方、川上・川中の企業が周年供給体制を確立することは、小売企業や外食企業などの川下側の企業にとっては、集荷機能を川上・川中の企業に委託できるため、自ら周年調達体制を構築する必要がないという利点がある。すなわち、流通機能の観点からみると、川上・川中の企業による周年供給体制の構築は、卸売市場が担っている集荷機能を自社で担う動きであるといえる。

　本章で取り上げた事例企業は、いずれも本書の2～6章で取り上げたスーパーマーケットや外食チェーン、生協、カット野菜メーカーの1つあるいは複数の企業と取引がある。そのため、本章で取り上げたような川上・川中の企業による周年供給体制の構築は、生鮮野菜流通システムの再構築を支えていると考えられる。

注
1）専門流通業者を介した契約栽培においても、小売企業や外食企業のバイヤーは産地に出向いている。
2）本章における B 社は、第 2 章の G 社と同一企業である。
3）以下の内容は、聞取り調査と野菜くらぶのウェブサイト（https://www.yasaiclub.co.jp/dokuritsushien/riyuu.html）（2020 年 3 月 16 日閲覧）より。

4）野菜くらぶのウェブサイト（https://www.yasaiclub.co.jp/sanchi/sanchi3-1.html）（2020 年 3 月 16 日閲覧）より。

5）この経緯は、野菜くらぶウェブサイトの「産地物語」に詳細が記されている（https://www.yasaiclub.co.jp/sanchi/index.html）（2020 年 3 月 16 日閲覧）。

6）B 社のウェブサイトより。

7）現在は宮崎県と岩手県からの仕入れはない。

第8章 生鮮野菜流通システムの再構築

1. 本書で明らかになったこと

　本書では、主に 2000 年以降の生鮮野菜流通システムの再構築を取り上げ、その再構築がなぜ起こり、新たな生鮮野菜流通システムがどのように構築され、それがどのような流通形態であり、どのようなメカニズムで成立しているのかを明らかにしてきた。分析にあたっては、生鮮野菜流通における重要な課題である需給調整と安定供給、周年供給に着目した。まず、本書で明らかになったことを整理する。

　第 1 章では、本書の研究背景と目的、及び研究アプローチを検討したうえで、生鮮野菜流通システムの再構築の背景を検討した。小売業界や外食産業は 1990 年代後半から市場規模が縮小しており、他方で中食業界の市場規模は拡大している。このような状況に加えて、青果物流通においては卸売市場経由率が低下していることから、卸売市場外に新たな生鮮野菜流通システムが構築されている可能性がある。以上を踏まえて、生鮮野菜流通における 2000 年以降の変化を取り上げ、本書で研究対象とする事例を整理した。

　第 2 章では、食の安心・安全に関する問題を契機にスーパーマーケットによって構築された、生産者の「顔が見える」野菜の流通を分析対象とした。「顔が見える」野菜の流通は、流通の「個別化」によって構築されているが、「個別化」した生鮮野菜流通システムは、全体として欠品と余剰のリスクが大きくなるという特徴を持つ。しかしながら、この増大するリスクをスーパーマーケットも含めた生産と流通の各段階で分散することによって「顔が見える」野菜の生鮮野菜流通システムは成立していることが明らかとなった。さらに、「個別化」した流通システムでは、生産 - 流通 - 消費の各主体が関係を深め、相互協力的であり、信頼に基づいた継続的な関係が構築されていた。

　第3章では、外食チェーンによる契約栽培・農業参入によって構築された生鮮野菜流通システムを分析対象とした。外食チェーンは、既存の卸売市場流通の問題や限界を克服するために契約栽培や農業参入を実施しており、これによって構築された生鮮野菜流通システムは、卸売市場や専門流通業者などの中間流通が担っていた機能とリスクを産地側の生産者組織と外食チェーンとで分担することによって成立していることが明らかとなった。

　第4章では、外食チェーンによる生鮮野菜の周年調達体制の構築と、周年調達における農業参入の役割を検討し、外食チェーンと契約栽培先の生産者組織との共同出資による農業参入の効果と意義を考察した。本書で取り上げた事例においては、野菜の端境期や生産量が少ない時期に安定的に生鮮野菜を仕入れるための手段の1つが、外食チェーンが契約栽培先の生産者組織と出資して自社農場を立ち上げて農業に参入する事であった。この流通システムは、自社農場であっても実質的に共同出資者である契約栽培先の企業が生産と販売（分荷）の機能を担うことによって成立していることが明らかとなった。さらに、この取り組みには、外食チェーンと契約栽培先との両方に効果と意義があることも明らかとなった。

　第5章では、市場規模拡大が続く食品宅配事業の中から生協の宅配事業を取り上げ、その生鮮野菜流通システムを分析対象とした。産直を基本とする生協の宅配事業は、カタログ印刷のために商品の企画から供給までの期間が3〜4ヶ月と長いため、野菜の需要量と供給量のミスマッチが生じやすい。さらに、野菜の余剰時に価格を下げたり、不足時に価格を上げたりするなどの調整ができないという特徴がある。そのため、生協の宅配事業における生鮮野菜流通システムは欠品や余剰のリスクが高い。しなしながら、そのリスクを生産者、青果物専門流通業者、消費者で相互に分担し合うことによって、生鮮野菜流通システムを成立させていることが明らかとなった。

　第6章では、市場規模が拡大している中食業界の中から、消費者向けカット野菜の流通システムを分析対象とし、流通の川下側から川上側に影響が及ぶメカニズムを検討したうえで、その流通特性と成立メカニズムを検討した。カット野菜流通における川下側から川上側への影響は、需給調整の面では川上側の

リスクが大きくなる影響がある一方で、栽培方法や納品規格の面では川上側の負担やコストを軽減する影響もあるという二面性を持つことが明らかとなった。さらに、カット野菜の生鮮野菜流通システムは、商品特性から欠品や余剰のリスクが大きくなるが、そのリスクを軽減する仕組みを入れることによって成立していることが明らかとなった。

　第7章では、川上・川中の企業が周年供給体制を構築する動きに焦点を当て、その生鮮野菜流通システムの再構築について検討した。青果物専門流通業者が複数の産地の生産者組織と取引をすることによって周年供給体制を構築することは一般的に行われていることであるが、本書では、川上・川中の企業が、周年供給体制の構築のために、自ら生産者を組織化する動きに着目した。小売企業や外食企業等にとって生鮮野菜の周年安定調達がきわめて重要であり、川上・川中の企業は、生鮮野菜の周年供給のために、全国の複数の地域で生産者組織を立ち上げて、産地リレーをつなぎ、さらに、安定供給のために、同じ時期に異なる地域で生産者組織を立ち上げたり、端境期に出荷できる地域で生産者組織を立ち上げていた。この動きは、川下側の企業からの要望に対応する形で始まっており、川上・川中の企業には川下側の企業との取引継続につながるメリットがある。結果としてこの動きは、小売企業や外食企業による生鮮野菜流通システムの再構築を支えていると考えられる。

2．生鮮野菜流通システムの再構築

　本節では、各章で明らかになったことを踏まえて、本書の目的である、生鮮野菜流通システムの再構築の要因、構築方法、流通形態の特徴、成立メカニズムを検討する。

2.1．生鮮野菜流通システム再構築の要因

　2000年以降の生鮮野菜流通システムの再構築の要因の1つは、端的に表現すれば、卸売市場流通を中心とする既存の生鮮野菜流通システムの限界を乗り越える必要が生じたことである。

　たとえば、「顔が見える」野菜は卸売市場から調達することは難しいし、一

定の価格でコールドチェーンを確立した状態で、さらに短いリードタイムで生鮮野菜を仕入れたり、自社の要望する品種や独自の栽培基準で生産された野菜を卸売市場から調達することは難しい。カット野菜のような簡便野菜のニーズの増加による生鮮野菜流通システムの再構築においても、カット野菜メーカーが求める条件で野菜を仕入れるためには、産地の生産者組織と契約をして原料野菜を仕入れる必要がある。

　すなわち、本書で取り上げた事例において、小売企業や外食企業、生協やカット野菜メーカーは、既存の生鮮野菜流通システムでは自社が求める条件での生鮮野菜の調達が難しいため、新たな流通システムを構築していた。しかしながら、この再構築は、従来の流通システムの機能を否定することを意味しない。従来の流通システムが有しない機能を求めた結果として、生鮮野菜流通システムの再構築が行われてきたといえる。

2.2. 生鮮野菜流通システム再構築の方法と流通形態

　生鮮野菜流通システムの再構築の方法に関しては、いずれの事例においても川下側の企業が川上側の企業や産地の生産者組織と直接つながり、生鮮野菜流通システムを構築していることが明らかとなった。

　「顔が見える」野菜の流通に関しては、畑の段階から小売店舗まで生産者別に野菜を流通させる必要があるため、スーパーマーケットが単独で流通システムを構築することはできない。生産者や農協、青果物専門流通業者などがそれぞれの段階で野菜を生産者別に扱う仕組みを構築することによって「顔が見える」野菜の流通システムが構築された。

　外食チェーンによる契約栽培では、外食チェーンが独自の栽培基準や納品規格を持つため、生産者には外食チェーンの要望に合わせた生産方法や規格が求められる。そのため、外食チェーンと産地の生産者組織とが直接交渉をしながら、生産方法や規格などを決め、それに基づいた野菜の生産が行われ、産地側と外食チェーンとで機能とリスクを分担することによって生鮮野菜流通システムが構築されている。さらに、外食チェーンの農業参入による生鮮野菜流通システムの再構築も行われている。本書で取り上げた事例では、外食チェーン

は、生鮮野菜の周年安定調達のために農業に参入し、既存の契約栽培先の生産者組織と共同で出資をして自社農場を立ち上げることによって、新たな生鮮野菜流通システムを構築した。

　他方、生協の宅配事業に関しては、その構築方法は検討していないが、生協（パルシステム）が100％出資をする青果物専門流通業者を立ち上げ、その企業が、生協と共に自社の基準に応えられる産直産地と関係を築きながら生鮮野菜流通システムを構築していた。

　また、カット野菜の流通に関しては、その商品特性と加工特性から、カット野菜メーカーが仕入れる原料野菜に独自の条件を求めている。そのため、カット野菜メーカーは、基本的に契約栽培によって原料野菜を調達し、産地側がその条件に対応した生産と出荷を行うことによって生鮮野菜流通システムが構築されていた。

　こうした生鮮野菜流通システムの再構築は、産地の生産者組織や生産者も含めた形で進行していた。本書で取り上げた事例において、小売企業や外食企業、カット野菜メーカーの生鮮野菜調達行動が産地・生産者側に対して様々な影響を与えていることが明らかとなった。「顔が見える」野菜の流通に取り組む生産者は、生産する品目を変えたり、多品目化したり、品種を川下側からの要望で変更したりしていた。小売企業や外食企業、生協やカット野菜メーカーと取引をする産地の生産者は、農薬や化学肥料の使用量を川下側の企業の要望に合わせた生産をしたり、規格を取引先の要望に合わせて大きめの野菜を作ったり、7部結球のレタスを作ったりするなど、生産方法や収穫のタイミングなどを変えたりもしている。ただし、これらの川下側からの影響が、農家の利益に結びついているかどうかについては本書では明らかにすることができなかった。しかしながら、生産者へのインタビュー調査の中で、いずれの事例においても、取引価格が安定していることがメリットであるとの声が聞かれた。さらに、自分が作った野菜がどのように流通してどこでどのように使われるのか、どこで売られるのかを知ることが、喜びややりがいにつながっているとの声が多く聞かれ、生産者の精神的なメリットも大きいと考えられる。

　他方、いずれの事例においても、スーパーマーケットや外食チェーン、生協

やカット野菜メーカーにとっては、消費者への周年安定供給のための周年安定調達が重要である。それに応える形で、川上・川中の企業が、全国各地で生産者を組織化する形で周年供給体制を構築していた。

2.3. 新たな生鮮野菜流通システムの成立メカニズム

次に、再構築された生鮮野菜流通システムの成立メカニズムについて検討する。いずれの事例においても共通していることは、生鮮野菜流通システムを成立させるために、流通システムに関わる各主体が、お互いにリスクを分担していることである。従来の研究において、1970年代のスーパーマーケットによる産直や、1990年代までの大規模小売業者による流通再編は、川上側にリスクが転嫁されていることが指摘されてきた（第1章）。しかし、川下側の企業が卸売市場外流通で、自らが求める生鮮野菜を調達しようとする場合、リスクや機能を川上側に転嫁すると、川上側のリスクや費用負担が大きくなり、産地側が疲弊するため、その生鮮野菜流通システムは長期的には成立しえない。生鮮野菜流通システムの再構築にあたっては、川下側の企業もリスクを負うことによって流通システムを成立させている。また、生協の宅配事業のように、消費者もリスクを負担することもある。

もう1つの成立メカニズムは、単に発生するリスクを分担するだけではなく、そのリスクを軽減する仕組みが生鮮野菜流通システムに組み込まれていることである。その仕組みは、たとえば、川下側の企業がはじめから仕入規格を簡素化する（緩める）ことであったり、野菜の不足時に仕入規格を緩めたり代替品を認めることであったり、小売価格変更やメニュー改定による生鮮野菜の販売量や使用量を調整することなどであり、それぞれの生鮮野菜流通システムごとに実施可能な方法でリスク軽減が図られている。

すなわち、卸売市場が担っていた機能やリスクを、生産と流通の担い手、場合によっては消費者も含めて分担すると同時に、リスクを減らす仕組みを組み込むことによって、新たな生鮮野菜流通システムは成立している。

さらに、新たな生鮮野菜流通システムの成立メカニズムに関しては、卸売市場流通も無関係ではない。生鮮野菜の流通においては、欠品と余剰は常に発生

する問題である。本書で明らかになったように、産地の生産者や生産者組織、青果物専門流通業者は、余剰となった野菜を最終的には卸売市場で販売したり、スーパーマーケットや外食チェーン、カット野菜メーカーは、野菜の不足時に卸売市場から野菜を調達したりすることによって、欠品や余剰から生じるリスクの軽減を図っている。すなわち、スーパーマーケットは卸売市場から調達できる野菜があるからこそ、卸売市場外流通によって独自の商品を調達して店舗に並べることができるし、外食チェーンも契約栽培先から調達できないときに臨時で卸売市場から生鮮野菜を仕入れてメニューの欠品を避けることができる。こうした意味においても、卸売市場流通は、再構築された生鮮野菜流通システムに対して重要な役割を果たしているといえる。すなわち、新たな生鮮野菜流通システムはそれ単独では成立しえず、卸売市場流通と併存することで成立している。

3．生鮮野菜流通システムの再構築をとらえる枠組み

　第1章で述べたように、本書の研究の背景には、大量流通システムは流通をとりまく環境の変化によって限界を迎えているではないかという問題意識があった。確かに、生鮮野菜流通システムの再構築は既存の大量流通システムの限界を乗り越えるために行われたといえる。一方で、本書で取り上げた流通システムの多くは、大量流通システムの担い手であるスーパーマーケットや外食チェーンに関わる流通システムである。そのため、今回取り上げた生鮮野菜流通システムの再構築は、大量流通システムの枠組み中での新たな動きとしてとらえられる。しかしながら、第1章で述べた「生鮮野菜が産地段階で等階級ごとに揃えられ、標準化・規格化した大量の商品が、卸売市場を介して大量に流通し、大量販売を行うスーパーマーケットや外食チェーンなどを通して、大衆消費市場に届けられる流通システム」とは異なる流通システムが構築されていた。再構築された生鮮野菜流通システムは、基本的に卸売市場を介さず、さらに、各主体間関係、リスク分担や機能分担、成立メカニズムの点において、従来の大量流通システムとは異なる。すなわち、再構築された生鮮野菜流通システムは、単に効率化や低コスト化のために標準化・規格化された流通システム

ではなく、社会や消費市場の変化に対応する各主体の戦略を実現するめに、新たなリスク分担や機能分担の方法に基づいて構築された流通システムである。

　大規模な小売企業や外食企業などによる生鮮野菜流通システムの再構築においては、自社が求める商品を卸売市場外に求めるが、同時にその業態特性から、消費者に対する安定供給や周年供給も重要となる。すなわち、食の安心・安全、他社との差別化、消費者ニーズの変化などに対応するために生鮮野菜流通システムの再構築が行われるが、同時に、野菜の商品特性（収穫時期の季節性、収穫量の不安定さ、サイズや外観の多様さ、市場相場の変動）と川下側の企業が求める安定供給・周年供給を両立させるための需給調整の方法と、それに伴うリスク軽減と分担の方法が、生鮮野菜流通システムの再構築を理解するうえで重要である。

　以上を踏まえると、生鮮野菜流通システムの再構築は、次のような枠組みでとらえられるのではないだろうか。すなわち、生鮮野菜流通システムの再構築は既存の大量流通システムの限界を乗り越えるために行われ、新たな流通システムは、全体としてリスクが大きくなるが、そのリスクを流通システムの中で軽減する仕組みを組み込んだうえで、流通システムを構成する各主体がリスクと機能を分担することによって成立し、既存の大量流通システムと併存しながら機能する流通システムである。

4．本書に残された課題

　最後に、生鮮野菜流通システムの再構築を分析するにあたって、本書に残された課題を示す。

　1つ目は、地理的な流通範囲が狭い流通や流通量が少ない小規模な流通を取り上げられなかったことである。生鮮野菜流通システムの再構築の全体像を検討するためには、直売所や小規模ながらこだわりの野菜を扱う小売店への流通、地産地消や地場流通、生産者によるインターネット通信販売などの生鮮野菜流通システムも併せて分析する必要がある。これらの流通は、個別の流通システムにおける流通量は大規模ではないが、それに取り組む産地の生産者、流通業者や、その商品を購入する消費者にとっては大きな意義がある流通である

と考えられる。生鮮野菜流通システムの再構築の全体像をとらえるならば、本書で取り上げたようなチェーン展開を行う大企業が関わる流通システムのみならず、小規模な流通も含めて考察する必要がある。

　もう1つは、野菜産地側の戦略が分析できなかった点である。本書では、産地の生産者までさかのぼって調査を実施したが、産地や生産者に対する分析が不十分なところも多い。生鮮野菜流通システムが再構築される中で、野菜の産地の生産者組織や生産者がどのような行動原理で、生産や出荷の戦略を立てるのか、その結果として、日本の野菜産地や生産者が今後どのような方向に進むのかという点が議論できなかった。すなわち、産地の生産者組織や生産者の出荷戦略には、卸売市場を中心に出荷する、契約栽培に取り組む、農業物にストーリーを付与する、農薬や化学肥料を減らした栽培をして野菜を高付加価値化する、加工・業務用野菜の生産に特化する、小規模な流通に取り組む、など様々な選択肢がありうるし、それらの選択肢を組み合わせる選択肢もある[2][3]。生鮮野菜流通システムの再構築が、産地の生産者組織や生産者の出荷戦略の選択肢にどのように影響を与えるのかという議論が今後必要である。

　以上に指摘した小規模な流通や産地・生産者に関する議論と、本書が明らかにした生鮮野菜流通システムの再構築を併せて議論することができれば、生鮮野菜流通システムの全体像のより深い理解につながるであろう。

注

1) 小売企業や外食企業が産地の生産者組織と直接つながる場合でも、商流は卸売市場や青果物専門流通業者などを経由することがある。
2) 農林水産省の野菜の産地強化計画においては、低コスト化タイプ、契約取引推進タイプ、高付加価値タイプ、資材低減タイプ、加工・業務用推進タイプを提示がされている（農林水産省 2013）。
3) 高柳（2006）は、グローバル化に対抗するために日本の産地が取っている戦略を分析するために、大量生産大量流通を基本とするフォーディズム的な理論に基づく量産型産地と、既存の市場の隙間をねらったニッチ型産地とに分類して分析をしている。

参考文献

荒井良雄（1993）『生活活動空間の構造と変容に関する研究』東京大学博士論文.

荒井良雄（2004）変革期の流通と都市空間（所収：荒井良雄・箸本健二編『日本の流通と都市空間』古今書院：275-300）.

荒木一視（1995）フードシステム論と農業地理学の新展開『経済地理学年報』41：100-120.

荒木一視（2002）『フードシステムの地理学的研究』大明堂.

荒木一視・高橋誠・後藤拓也・池田真志・岩間信之・伊賀聖屋・立見淳哉・池口明子（2007）食料の地理学における新しい理論的潮流―日本に関する展望―『E-journal GEO』2（1）：43-59.

荒木一視編（2013）『食料の地理学の小さな教科書』ナカニシヤ出版.

池田真志（2005）青果物流通の変容と「個別化」の進展―スーパーによる青果物調達を事例に―『経済地理学年報』51：17-33.

池田真志（2010）外食チェーンによる契約栽培・農業参入の成立メカニズム『拓殖大学経営経理研究』87：125-147.

池田真志（2016）地図と統計からみる東京都の卸売市場『地図情報』36（3）：14-17.

池田真志（2020a）サプライチェーンと南北問題（所収：伊藤達也・小田宏信・加藤幸治編『経済地理学への招待』ミネルヴァ書房：98-113）.

池田真志（2020b）小売業の基本（所収：坪井晋也・河田賢一編『流通と小売経営』創成社：21-41）.

岩重聡美（2014）流通システムと消費者権益に関する考察『長崎県立大学経済学部論集』48（1）：93-116.

岩淵道生（1996）『外食産業論―外食産業の競争と成長』農林統計協会.

大野備美・納口るり子（2013）小売業の農業参入事例分析―大手小売2社の比較―『農業経営研究』51：79-84.

大野備美・納口るり子（2014）農業参入小売業による垂直的調整：イオンアグリ創造（株）と生産委託契約者を事例として『2014年度日本農業経済学会論文集』：141-146.

小田勝己（2002）外食産業の食材調達『食糧月報』7（7）：28-36.

小田勝己（2003）外食を中心とした食材調達をめぐる主体間関係『農林統計調査』53（8）：10-16.

小田勝己（2004）『外食産業の経営展開と食材調達』農林統計協会.

木立真直（2004a）食の成熟化と外食向け食材流通の動向『流通情報』419：9-16.

木立真直（2004b）食の成熟化と小売・外食企業による青果物調達戦略の方向性『農産物流通技術年報』2004年版：17-23.

木立真直（2006）小売主導型流通システムの進化と展開方向（所収：木立真直・辰馬信男編著『流通の理論・歴史・現状分析』中央大学出版部：133-174）.

木立真直（2011）食品小売市場の再編と小売主導型流通システム―PB商品供給をめぐる関係性を中心に―『農業市場研究』20（3）：24-34.

木立真直（2019）日本における食生活の変遷と新たなトレンド（所収：木立真直・佐久間英俊編

『現代流通変容の諸相』中央大学出版部：123-151).

倉持隆・竹内重吉（2014）大手食品企業における農業参入の実態と課題『食農資源経済論集』65：27-33.

斎藤修（1999）『フードシステムの革新と企業行動』農林統計協会.

斎藤修（2000a）生鮮野菜の市場外流通の新展開と流通システムの革新（所収：髙橋正郎編著『野菜のフードシステム：加工品需要の増加に伴う構造変動』農林統計協会：251-270).

斎藤修（2000b）青果物のフードシステムにおける主体間関係とコーディネーターの役割（所収：髙橋正郎編著『野菜のフードシステム：加工品需要の増加に伴う構造変動』農林統計協会：293-335).

斎藤修（2001）『食品産業と農業の提携条件―フードシステム論の新方向』農林統計協会.

斎藤修（2012）『地域再生とフードシステム―6次産業、直販所、チェーン構築による革新』農林統計出版.

斎藤修（2014）フードシステムのイノベーション―食と農と地域を繋ぐ『フードシステム研究』21（2）：58-73.

斎藤修・慶野征嵩（2003）『青果物流通システム論のニューウェーブ―国際化のなかで―』農林統計協会.

齋藤文信・清野誠喜（2013）フードサービス業による農業参入に関する一考察―ローカルチェーンを対象に―『農林業問題研究』190：148-153.

坂爪浩史（1999）『現代の青果物流通―大規模小売企業による流通再編の構造と論理―』筑波書房.

坂爪浩史（2019）青果物（所収：日本農業市場学会編『農産物・食品の市場と流通』筑波書房：64-75).

坂爪浩史・細野賢治・小野雅之・藤田武弘（1997）スーパー・専門小売店の生鮮食品調達構造―南大阪地域を対象とした階層別・業態別分析―『農業市場研究』5（2）：43-53.

坂知樹（2012）国産業務・加工用野菜の生産・利用拡大に向けた卸売業者の経営戦略『農林業問題研究』187：260-265.

坂知樹（2013）JAと食品関連事業者による協働型業務・加工用野菜産地の形成と展望『農林業問題研究』191：362-367.

坂知樹（2014）『フードシステムの革新と業務・加工用野菜』大学教育出版.

坂知樹・小松泰信・横溝功（2010）カット用野菜の契約栽培に取り組む産地の対応と課題『農林業問題研究』179：254-259.

佐藤和憲（1998）『青果物流通チャネルの多様化と産地のマーケティング戦略』養賢堂.

佐藤和憲・木立真直・ナロンサック ピシャヤピスット（2016）青果物の直接的な取引における取引慣行―小売業の要求への産地の対応―『農業市場研究』96：52-58.

佐藤肇（1974）『日本の流通機構―流通問題分析の基礎―』有斐閣.

塩田長英（1980）『外食産業の虚像と実像』日本経済新聞社.

渋谷往男（2014）企業の農業参入の類型と特徴『食農資源経済論集』65（1）：1-11.

食品のトレーサビリティ導入ガイドライン策定委員会（2003）『食品トレーサビリティシステム導入の手引き（食品トレーサビリティガイドライン及びトレーサビリティシステム実証事例)』食品のトレーサビリティ導入ガイドライン策定委員会.

杉村泰彦（2016）沖縄県におけるカット野菜事業者の原料調達戦略―有限会社グリーンフィールドのグループ企業間連携の取り組み―『野菜情報』146：34-46.

鈴木邦成（2006）流通の歴史（所収：中田信哉・橋本雅隆編著『基本流通論』実教出版：32-53).

田島義博・原田英生編著（1997）『ゼミナール流通入門』日本経済新聞社.

髙橋正郎（1997）フードシステムとその分析視角―構成主体間関係の展開とその新たな構築―（所収：髙橋正郎編著『フードシステム学の世界―食と食料供給のパラダイム―』農林統計協会：3-29).

髙橋正郎（1990）食品スーパーの展開と食品流通（所収：加藤譲編著『食品産業経済論』農林統計協会：163-183).

髙橋正郎・斎藤修編著（2002）『フードシステム学の理論と体系』農林統計協会.

髙柳長直（2006）『フードシステムの空間構造論―グローバル化の中の農産物産地振興』筑波書房.

立川雅司（2003）『遺伝子組み換え作物と穀物フードシステムの新展開―農業・食料社会学的アプローチ―』農山漁村文化協会.

種市豊・相原延英・野見山敏雄編著（2017）『加工・業務用青果物における生産と流通の展開と展望』筑波書房.

田村正紀（1986）『日本型流通システム』千倉書房.

田村正紀（1998）『マーケティングの知識』日本経済新聞出版.

東京都中央卸売市場（2015）『事業概要　平成27年版』東京都中央卸売市場.

独立行政法人農畜産業振興機構（2016）『平成27年度カット野菜・サラダの消費動向調査』https://www.alic.go.jp/content/000124081.pdf（2019年10月16日閲覧).

独立行政法人農畜産業振興機構（2019）『平成30年度カット野菜・冷凍野菜・野菜惣菜に係る小売販売動向調査』https://www.alic.go.jp/content/001168991.pdf（2019年10月16日閲覧).

戸田樹生（1998）外食産業から見る有機食材調達の現状『農林統計調査』48（2）：36-41.

中嶋嘉孝（2019）日本型流通システムの変化『専修経営学論集』107：103-112.

仲野隆三（2010）小売企業と組合員・農協出資による農業法人の取り組み『農業経営研究』47（4）：23-28.

永峰真生（2007）カット野菜の流通と原料レタス生産者の対応『新地理』55（1）：1-22.

中村哲（2005）日本の外食企業の業態展開―店舗数と業態数の関連を中心に『敬愛大学研究論集』67：199-235.

新山陽子（2020）フードシステム研究の構造論的アプローチ―フードシステムの存続、関係者の共存―（所収：新山陽子編『フードシステムの構造と調整』昭和堂：2-44).

日本生活協同組合連合会（2019）『生協産直のあらたな未来をつくるために～第10回全国生協産直調査』報告書～』日本生活協同組合連合会.

農林水産省（2013）「野菜の産地強化計画の策定について」https://www.maff.go.jp/j/kokuji_tuti/tuti/t0000663.html（2020年4月15日閲覧).

農林水産省（2017）『平成28年青果物卸売市場調査報告』http://www.maff.go.jp/j/tokei/kouhyou/seika_orosi/index.html（2018年1月24日閲覧).

農林水産省（2019a）『平成30年度　卸売市場データ集』農林水産省.

農林水産省（2019b）『加工・業務用野菜をめぐる状況』https://www.maff.go.jp/j/seisan/kakou/

yasai_kazitu/attach/pdf/kakouyasai-all-R1.12.pdf（2020 年 9 月 5 日閲覧）.

野見山敏雄（1997）『産直商品の使用価値と流通機構』日本経済評論社.

箸本健二（2001）『日本の流通システムと情報化―流通空間の構造変容』古今書院.

橋本直史（2012）青果物流通変容下における「内部規格」化の進展に関する研究『北海道大学大学院農学研究院邦文紀要』32（2）：115-194.

秦洋二（2015）『日本の出版物流通システム―取次と書店の関係から読み解く』九州大学出版会.

林周二（1977）『流通革命―製品・経路および消費者　増訂版』中央公論社.

パルシステム生活協同組合連合会産直事業部編（2008）『2008 年度パルシステム産直データブック』パルシステム生活協同組合連合会産直事業部.

パルシステム生活協同組合連合会産直部（2019）『パルシステム産直データブック 2019』パルシステム生活協同組合連合会産直部.

パルシステム生活協同組合連合会農政政策室交流課編（2010）『2010 年度パルシステム産直データブック』パルシステム生産者消費者協議会.

パルシステム生活協同組合連合会 21 世紀型生協研究機構編（2008）『パルシステムの産直　産直論編』パルシステム生活協同組合連合会.

藤島廣二（2003a）卸売市場流通の近年の変化とその要因―青果物卸売市場流通を中心に―『農業協同組合新聞』2003 年 9 月 2 日付、https://www.jacom.or.jp/archive02/document/oroshiuri/shir111s03090206.htm（2020 年 8 月 29 日閲覧）.

藤島廣二（2003b）青果物の流通システム（所収：藤島廣二・安部新一・宮部和幸『現代の農産物流通』全国農業改良普及支援協会：54-83）.

藤島廣二・安部新一・宮部和幸（2003）『現代の農産物流通』全国農業改良普及支援協会.

田村優実子（1992）『現代日本の流通システム―新しい流通のハフタイムを求めて―』有斐閣.

森祐二（1984）スーパー業界の青果物取扱状況（所収：農政ジャーナリストの会編『青果物の新しい市場戦略』農林統計協会：38-66）.

森祐二（1992）『リポート青果物の市場外流通』家の光協会.

山田雅俊（2005）外食産業に関する研究状況と経営戦略論の必要性『中央大学大学院論究. 経済学・商学研究科篇』37（1）：41-54.

緩鹿素子・清水みゆき（2015）大手食品企業における農業参入の展開方向『農業経済研究』87（3）：261-266.

あとがき

　多くの方々のご協力とご厚意のおかげで本書を完成させることができました。本研究に関わって下さった皆様に感謝申し上げます。

　本書の内容の多くは既発表論文に基づいており、それぞれの論文作成にあたりましては、小売企業、外食企業、青果物専門流通業者、カット野菜メーカー、農協や生産者団体、農家の方々など多くの方々にお世話になりました。こうした野菜の生産と流通に携わる皆さまのご協力がなければ、本書が誕生することはありませんでした。日々の業務でお忙しいところ、インタビューの依頼に快く応じて頂き、貴重なお時間を頂き、私の質問に対して丁寧に答えて下さった皆さまに感謝申し上げたいと思います。

　研究面では、大学院生時代に荒井良雄先生（帝京大学教授、元・東京大学教授）に大変お世話になりました。当時、研究について何も知らなかった私に、研究の方法について基礎からご指導下さり、研究の面白さと大変さ、そして奥深さを教えて頂きました。さらに、谷内達先生（元・東京大学教授）、松原宏先生（東京大学教授）、永田淳嗣先生（東京大学教授）、新井祥穂先生（東京農工大学准教授、元・東京大学助教）には、大学院ゼミなどを通して様々な角度からご指導を頂きました。

　私の学部生時代の指導教員の木村琢郎先生（元・横浜市立大学教授）と小野寺淳先生（横浜市立大学教授）には、学問の面白さを教えて頂くとともに、フィールドワークの基礎を教えて頂きました。大学院という存在を知らなかった私は、大学院進学を勧めて下さったお二人の先生と出会わなければ、研究者の道に進むことはありませんでした。

　私が学部生時代に流通研究に足を踏み入れたきっかけは、箸本健二先生（早稲田大学教育・総合科学学術院教授）の論文でした。当時、箸本先生には、授業を聴講させて頂くと共に、卒業論文や大学院進学の相談に乗って頂きました。大学院進学後も、学会や研究会の場で、流通と地理学を専門とする立場からの有意義なアドバイスやコメントを頂きました。

　本書の作成にあたっては、観山恵理子先生（東京農工大学助教）に原稿を
チェックして頂き、数多くの有益なご助言を頂きました。

　ほかにも、様々な学会や研究会などで多くの先生方にご指導を賜りました。
1人1人のお名前を挙げることはできませんが、お世話になりました全ての先
生方に厚くお礼申し上げます。

　私が所属する拓殖大学では自由な研究環境に恵まれました。本書に収められ
ている研究の多くは、拓殖大学の学部研究調査費と経営経理研究所の個人研究
助成によって実施したものです。また本書の発行にあたっては、拓殖大学の
「令和2年度出版助成」を受けています。これらの研究支援に感謝いたします。

　そして、出版事情の厳しい中、本書の出版を引き受けて下さった、一般財団
法人農林統計協会の皆様と、出版事業推進部の山本博様に、厚く御礼申し上げ
ます。

　最後に私事ですが、大学院に進学して研究者になる道を応援してくれた両親
と、いつも私を支えてくれる妻と子どもたちに感謝します。

2020年9月25日

池田　真志

著者紹介

池田真志（いけだ まさし）

拓殖大学商学部准教授。

1979 年神奈川県川崎市生まれ。横浜市立大学国際文化学部国際関係学科卒業。東京大学大学院総合文化研究科博士課程修了。博士（学術）。日本学術振興会特別研究員、拓殖大学商学部助教を経て現職。

主な著書

『流通空間の再構築』（古今書院、2007 年）

『フードデザート問題─無縁社会が生む「食の砂漠」』（農林統計協会、2011 年）

『小商圏時代の流通システム』（古今書院、2013 年）

『地域分析ハンドブック─Excel による図表づくりの道具箱』（ナカニシヤ出版、2015 年）

『地理学概論（第 2 版）』（朝倉書店、2015 年）

『都市のフードデザート問題─ソーシャル・キャピタルの低下が招く街なかの「食の砂漠」』（農林統計協会、2017 年）

『食と農のフィールドワーク入門』（昭和堂、2019 年）

『経済地理学への招待』（ミネルヴァ書房、2020 年）

『流通と小売経営』（創成社、2020 年）

（いずれも分担執筆）

拓殖大学研究叢書（社会科学）52

生鮮野菜流通システムの再構築

―需給調整、安定供給、周年供給の視点から考える―

2021年3月17日　印刷
2021年3月31日　発行 ©　　　　　　　　　　　定価は表紙カバーに表示しています。

著　者　池田　真志

発行者　拓殖大学

制　作　一般財団法人　農林統計協会

〒141-0031　東京都品川区西五反田7-22-17

TOC ビル11階34号

http://www.aafs.or.jp

電話　出版事業推進部　03-3492-2987

　　　　編　集　部　03-3492-2950

振替　00190-5-70255

Reconstruction of Fresh Vegetable Distribution System

PRINTED IN JAPAN 2021